LA FISCALIDAD DE LAS WISES
(WORK INSERTION SOCIAL ENTERPRISES)
EN ESPAÑA

MARINA AGUILAR RUBIO

LA FISCALIDAD DE LAS WISES (*WORK INSERTION SOCIAL ENTERPRISES*) EN ESPAÑA

Marcial Pons

MADRID | BARCELONA | BUENOS AIRES | SÃO PAULO

2024

© Marina Aguilar Rubio
© MARCIAL PONS
EDICIONES JURÍDICAS Y SOCIALES, S. A.
Tamayo y Baus, 7 1.º izq. – 28004 Madrid
☎ (91) 304 33 03
www.marcialpons.es
ISBN: 978-84-1381-683-8
Depósito legal: M 9065-2024
Diseño de la cubierta: ene estudio gráfico
Impresión: SAFEKAT, S. L.
C/ Laguna del Marquesado, 32 L
28021, Madrid
MADRID, 2024

ÍNDICE

ABREVIATURAS

AEAT	Agencia Estatal de la Administración Tributaria
AJD	Actos Jurídicos Documentados
ALIIES	Anteproyecto de Ley Integral de Impulso de la Economía Social (abril 2023)
CIRIEC	Centro Internacional de Investigación e Información sobre la Economía Pública, Social y Cooperativa
DGT	Dirección General de Tributos
FEP	Fondo de Educación y Promoción
FRO	Fondo de Reserva Obligatorio
IAE	Impuesto sobre Actividades Económicas
IBI	Impuesto sobre Bienes Inmuebles
IEF	Instituto de Estudios Fiscales
IIVTNU	Impuesto sobre el Incremento de Valor de los Terrenos de Naturaleza Urbana
IS	Impuesto sobre Sociedades
ITPAJD	Impuesto sobre Transmisiones Patrimoniales y Actos Jurídicos Documentados
IVA	Impuesto sobre el Valor Añadido
LCOOP	Ley 27/1999, de 16 de julio, de Cooperativas
LES	Ley 5/2011, de 29 de marzo, de Economía Social
LIS	Ley 27/2014, de 27 de noviembre, del Impuesto sobre Sociedades
LITPAJD	Real Decreto Legislativo 1/1993, de 24 de septiembre, por el que se aprueba el texto refundido de la Ley del Impuesto sobre Transmisiones Patrimoniales y Actos Jurídicos Documentados
LIVA	Ley 37/1992, de 28 de diciembre, del Impuesto sobre el Valor Añadido

LSC	Real Decreto Legislativo 1/2010, de 2 de julio, por el que se aprueba el texto refundido de la Ley de Sociedades de Capital
LSLP	Ley 44/2015, de 14 de octubre, de Sociedades Laborales y Participadas
PYME	Pequeñas y Medianas Empresas
OS	Operaciones Societarias
SAN	Sentencia de la Audiencia Nacional
SIEG	Servicios de Interés Económico General
STC	Sentencia del Tribunal Constitucional
STS	Sentencia del Tribunal Supremo
TFUE	Tratado de Funcionamiento de la Unión Europea
TJUE	Tribunal de Justicia de la Unión Europea
TPO	Transmisiones Patrimoniales Onerosas
WISE	*Work Insertion Social Enterprises*

INTRODUCCIÓN

1. LAS WISES Y SU RECONOCIMIENTO COMO ENTIDADES DE LA ECONOMÍA SOCIAL Y PRESTADORAS DE SERVICIOS DE INTERÉS ECONÓMICO GENERAL

Las empresas sociales de inserción laboral, conocidas generalmente como WISEs, acrónimo de la denominación en inglés de *Work Insertion Social Enterprises,* tienen como objetivo principal la integración social y laboral de personas con necesidades de apoyo, sea por su situación de riesgo de exclusión o vulnerabilidad, sea por alguna discapacidad o dificultad física o psíquica, a través del desempeño de una manera temporal o permanente de una actividad laboral en entornos de trabajo inclusivos para el acceso al empleo, crecimiento profesional y personal[1]. Dicho de otro modo, son organizaciones empresariales de empleo protegido que favorecen la contratación laboral de personas excluidas del mercado laboral ordinario con escasa o baja productividad laboral, a las

---

[1] Para una visión de las WISEs en Europa en la actualidad: GALERA, G. *et al.*: *Report on trends and challenges for work integration social enterprises (WISEs) in Europe*, Current situation of skills gaps, especially in the digital area (Brussels: B-WISE project, 2022). Disponible en *https://www.bwiseproject.eu/en/results*.

cuales, por medio del trabajo, se les proporcionan herramientas laborales, así como una formación adecuada para desarrollar un puesto de trabajo.

En España, hay principalmente tres tipos de entidades que se engloban dentro del concepto de WISEs: las empresas de inserción, los centros especiales de empleo y las cooperativas sociales, con los subtipos de cooperativas de iniciativa social y de cooperativas de integración social. Todas ellas son reconocidas expresamente en el art. 5.1 de la Ley 5/2011, de 29 de marzo, de Economía Social (en adelante, LES) en el listado de las entidades que forman parte de la economía social que contienen dicho precepto: «Forman parte de la economía social las cooperativas […], las empresas de inserción, los centros especiales de empleo […]».

Además, estos tres tipos de entidades son calificadas por la doctrina[2] como *empresas sociales* por reunir las características o elementos que se consideran necesarios que concurran en su concepto y que han sido reconocidos en Europa por el Plan de Acción para la Economía Social de 2021 (PAES)[3] y que son los siguientes: operan proporcionando bienes y servicios para el mercado de manera emprendedora y a menudo innovadora, con objetivos sociales o medioambientales como motor de su actividad empresarial; los beneficios se reinvierten principalmente para alcanzar su objetivo social; y su forma de organización y propiedad también se basa en principios democráticos o participativos o se centra en el progreso social[4].

---

[2] Así, por todos, Díaz-Foncea, M. y Marcuello Servós, C.: «Las empresas sociales en España: concepto y características», *GIZAEKOA, Revista Vasca de Economía Social,* núm. 8 (2012), pp. 143-163; y Solórzano, M., *et al.*: «La identidad de la empresa social en España: análisis desde cuatro realidades socioeconómicas», *CIRIEC-España, Revista de Economía Pública, Social y Cooperativa,* núm. 92, 2018, pp. 155-182.

[3] Comunicación de la Comisión Europea al Parlamento Europeo, al Consejo, al Comité Económico y Social Europeo y al Comité de las Regiones titulada *Construir una economía que funcione para las personas: un plan de acción para la economía social,* 9 de diciembre de 2021 [COM(2021) 778 final].

[4] Para Hinojosa Torralvo, el Plan de acción para la Economía Social no ha terminado de ofrecer la claridad que era necesaria. Considera que «el esfuerzo

En nuestro ordenamiento no existe todavía un reconocimiento legal del concepto empresas sociales, que está muy asentado en Derecho comparado europeo[5], aunque en abril de 2023 se publicó el Anteproyecto de Ley Integral de Impulso de la Economía Social[6] (en adelante ALIIES) que proponía modificar la LES para incluir precisamente en su ámbito a las empresas sociales, y se propone un nuevo art. 5.4 en el que se relacionan las condiciones que deben tener las entidades de la economía social, citando expresamente a los centros especiales de empleo de iniciativa social, las empresas de inserción y las cooperativas de iniciativa social para tener la consideración de empresas sociales, condiciones que se agravan cuando la entidad no tiene la forma jurídica de entidad de la economía social[7]. Y si se observan la condiciones que se impone para

---

por caracterizar de modo uniforme la empresa de economía social le ha llevado a incorporar en su ámbito a las llamadas empresas sociales en su totalidad, es decir, incluyendo las organizaciones benéficas. Se comprende la dificultad de dar cabida a fórmulas organizativas, asociativas y empresariales tan diversas de tantos países miembros, pero el resultado es que con ello se diluye en cierto modo la cohesión conceptual de la empresa de economía social, que queda mezclada con otras con las que no tiene identidad de funcionamiento ni de objetivos». No obstante, le parece un buen paso si abre el camino requerido de ir dotando a la empresa de economía social de un marco jurídico propio («El beneficio limitado como principio para la fiscalidad cooperativa» en AGUILAR RUBIO, M. y VARGAS VASSEROT, C. (dirs.): *Los principios cooperativos y su incidencia en el régimen legal y fiscal de las cooperativas*, Madrid, Dykinson, 2024, p. 753).

[5] Como expone VARGAS VASSEROT, C., «Las empresas sociales como entidades de la economía social en el Plan de Acción Europeo. Propuesta de *lege ferenda* para su reconocimiento en España en la Ley 5/2011 de economía social». *CIRIEC-España, Revista Jurídica de Economía Social y Cooperativa*, núm. 41, 2002, pp. 289-329.

[6] El 11 de abril de 2023 el Consejo de Ministros presentó el Anteproyecto de Ley de Impulso Integral de la Economía Social, con el objeto de reformar con una norma tres textos legales relativos a la Economía Social: la Ley 15/2011 de Economía Social, la Ley 27/1999 de Cooperativas y la Ley 44/2007 reguladora de las Empresas de Inserción. El anteproyecto no pasó a la categoría de proyecto por la disolución anticipada de las Corte por el adelanto electoral en mayo de 2023, pero se presume que en la presente legislatura se retomará el proceso de elaboración y aprobación de la norma.

[7] «Asimismo, podrán considerarse empresas sociales, otras entidades que, independientemente de su forma de personificación jurídica, además de cumplir los principios orientadores descritos en el art. 4 de esta Ley y los requisitos establecidos en las letras *a)* y *b)*, cumplan las condiciones siguientes: 1.º) estén promovidas, constituidas o participadas íntegramente por una o varias entidades

el reconocimiento de la figura propuesto por el ALIIES para las entidades de la economía social, son fácilmente asequibles para las WISEs con forma de centros especiales de empleo, empresas de inserción y cooperativas de iniciativa social y de integración, ya que aparte de la exigencia de que contemplen con precisión y concreción en sus estatutos los fines sociales perseguidos, su actividad económica debe desarrollar, al menos, uno de los siguientes ámbitos:

1.º «La integración en el mercado laboral y la generación de oportunidades de trabajo de personas con discapacidad y/o en situación de vulnerabilidad y/o exclusión social, cualquiera que sea el sector de actividad.

2.º La realización de actividades que, mediante la prestación de bienes o servicios, satisfagan necesidades no atendidas por el mercado y contribuyan al bienestar de las personas afectadas por algún factor de vulnerabilidad y/o exclusión social, tales como la discapacidad, la ausencia de ingresos suficientes para el mantenimiento de sí mismo y/o de sus familias, así como otros que sean objeto de especial protección social por el ordenamiento jurídico, en ámbitos como el sanitario, el educativo, el habitacional, la economía de los cuidados, entre otros.

3.º El desarrollo local de zonas desfavorecidas con especial atención a la realización de actividades en las zonas en declive demográfico».

Evidentemente, los dos primeros son ámbitos muy ligados a la actividad de las WISEs. Pero esto todavía es un texto provisional destinado a servir de base a un proyecto de ley, por lo que no tienen ningún valor jurídico más allá de servirnos para intuir cuál puede ser una futura norma, aunque nada sabemos de si la calificación de empresas sociales implicará

---

de la economía social; o bien; 2.)º estén promovidas o participadas en hasta un 25 por 100 por administraciones públicas de ámbito estatal, autonómico o local, u otras entidades de titularidad pública, siendo el resto promovido o participado por otras entidades de la economía social; *b)* Que apliquen, al menos, el 95 por 100 de los resultados, excedentes o beneficios obtenidos en cada ejercicio al desarrollo de los fines sociales recogidos en sus Estatutos en los términos referidos en el apartado anterior».

un mejor trato fiscal o beneficios tributarios en determinados impuestos. En cambio, sí que es derecho vigente la declaración de los centros especiales de empleo y de las empresas de inserción como *entidades prestadoras de Servicios de Interés Económico General* (SIEG) a través de la reforma del art. 5.1 de la LES mediante la Ley 31/2015 por la que se modifica y actualiza la normativa en materia de autoempleo y se adoptan medidas de fomento y promoción del trabajo autónomo y de la Economía Social. La declaración de entidades prestadoras de SIEG, como el mismo precepto indica, puede extenderse a cualesquiera otras entidades de la economía social que tengan por objeto igualmente la inserción laboral de colectivos en riesgo de exclusión, como son las cooperativas de iniciativa social o de integración social, conforme a lo que se establezca reglamentariamente. No obstante, como todavía no ha habido dicho desarrollo reglamentario, en la actualidad, las cooperativas que no sean calificadas como empresas de inserción o centros especiales de empleo, no pueden ser declaradas entidades prestadoras de SIEG.

La calificación de SIEG de los servicios que prestan tanto de las empresas de inserción como de los centros especiales de empleo se configura como una verdadera medida de promoción de estas entidades, ya que esto permite incrementar sensiblemente el número e importe de las ayudas estatales por compensación del servicio público que realizan, así como obtener algunos beneficios en materia de tributos y en contratación pública, sin colisión con el Derecho de la competencia europeo. Todo ello en aplicación de la Decisión de la Comisión Europea de 20 de diciembre de 2011 que recoge las condiciones compatibles para que una ayuda estatal sea compensada como SIEG por la realización de un servicio público y, por tanto, no tengan que ser comunicadas a la Unión Europea. Estas condiciones tienen su origen en la jurisprudencia del Tribunal de Justicia de la Unión Europea, en especial con el asunto *Ferring* (Sentencia del TJUE de 22 de noviembre de 2001 en el asunto C-53/00), confirmada en el asunto *Altmark* (Sentencia del TJUE de 24 de julio de 2003 en el asunto C-280/00). El TJUE manifestó en la primera de estas sentencias que las compensaciones por servicio público no constituyen ayuda estatal a tenor de lo dispuesto en el art. 107 del Tratado de la Unión Europea, siempre que se cumplan cuatro criterios cumulativos, que son los que después se plasmarían en la citada Decisión de la Comisión Europea. En primer lugar, la empresa beneficiaria debe estar efectivamente encargada de la ejecución de obligaciones de servicio público y estas deben estar claramente definidas[8]. En segundo lugar, los parámetros para el cálculo de la compensación deben establecerse previamente de forma objetiva y transparente. En tercer lugar, la compensación no debe superar el nivel necesario para cubrir total o parcialmente los gastos ocasionados por la ejecución de las obligaciones de servicio público, teniendo en cuenta los ingresos correspondientes y un beneficio razonable. Finalmente, cuando la elección de la empresa encargada de ejecutar obligaciones de servicio público, en un caso concreto, no se haya realizado en el marco de un procedimiento de contratación pública de menor coste, el nivel de la compensación necesaria debe calcularse sobre la base de un análisis de los costes que habría soportado una empresa media, adecuadamente equipada con los medios pertinentes. Como continuidad al impulso de las ayudas estatales a las empresas declaradas como entidades prestadoras de SIEG se promulgó el Reglamento 360/2012 de la Comisión Europea, también conocido como Reglamento de *minimis*, en el que, por aplicación del art. 107 del TFUE, ese umbral económico límite, que las ayudas del Estado a las entidades prestadoras SIEG no pueden superar para no ser considerados ayudas estatales, se sitúa en 500 000€ durante tres anualidades fiscales y, en tales casos, estas no tienen que ser notificadas a la Comisión Europea[9].

---

[8] Para detalles sobre todo esto: ALGUACIL MARÍ, M. P.: «La tributación de las empresas de inserción», *Revista del Ministerio de Trabajo y Economía Social*, núm. 150, 2021, pp. 35–58.

[9] Seguimos a MONTIEL VARGAS, A: «Las empresas de inserción. Análisis de su régimen jurídico ante una posible reforma de la Ley 44/2007», *REVESCO. Revista de Estudios Cooperativos*, núm. 147, 2024, en prensa.

2. RÉGIMEN APLICABLE A LOS CONTRATOS LABORALES DE CARÁCTER TEMPORAL REALIZADOS POR LAS WISES

Una cuestión previa que nos ha parecido conveniente abordar, aunque sea de manera sucinta y se aleje del ámbito del Derecho tributario, es la del régimen aplicable para la contratación temporal de trabajadores por las WISEs, dado que estas empresas, en especial cuando su finalidad social es la inserción laboral de personas en riesgo de exclusión, tienden a realizar una contratación laboral de este tipo y en España la legislación laboral vigente es muy restrictiva al respecto.

Con carácter general, el régimen de los contratos temporales con trabajadores está contenido en el art. 15 del texto refundido de la Ley del Estatuto de los Trabajadores, aprobado por el Real Decreto Legislativo 2/2015, que fue intensamente modificado en por el Real Decreto Ley 32/2021 de medidas urgentes para la reforma laboral, la garantía de la estabilidad en el empleo y la transformación del mercado de trabajo. El contrato temporal, es aquel que tiene por objeto el establecimiento de una relación laboral entre la empresa y la persona trabajadora por un tiempo determinado y según el Estatuto de los Trabajadores debe concurrir una causa justificada para que se puedan concertar contratos de este tipo, siendo la regla la contratación por tiempo indefinido. Para que se entienda que concurre causa justificada de temporalidad será necesario que se especifique con precisión en el contrato la causa habilitante de la contratación temporal, las circunstancias concretas que lo justifican y su conexión con la duración prevista. En concreto, se regulan como situaciones que justifican la temporalidad del contrato las que tengan como finalidad la incentivación del empleo de personas con discapacidad y personas en riesgo de exclusión.

En este sentido, el art. 15.5 del Estatuto de los Trabajadores, tras establecer que los trabajadores que en un periodo de treinta meses hubieran estado contratados durante un plazo superior a veinticuatro meses, adquirirán la condición de trabajadores fijos, señala que esto no será de aplicación a «los contratos temporales que sean utilizados por empresas de inserción debidamente registradas y el objeto de dichos contratos sea considerado como parte esencial de un itinerario de inserción personalizado». Otra excepción al régimen general contenido en el Estatuto de los Trabajadores para las WISEs es en relación con los contratos formativos regulados en el art. 11.2, que señala que los límites de edad (mayores de dieciséis y menores de veinticinco años) y en la duración máxima (dos años) del contrato formativo no serán de aplicación cuando se concierte con personas con discapacidad o con los colectivos en situación de exclusión social previstos de la Ley 44/2007 para la regulación del régimen de las empresas de inserción, estableciéndose reglamentariamente dichos límites para adecuarlos a los estudios, al plan o programa formativo y al grado de discapacidad y características de estas personas.

3. OBJETIVOS DEL ESTUDIO

Desde la perspectiva tributaria no existe en España un régimen propio para las empresas sociales de inserción laboral más allá de que, como prestan determinados servicios comunes, les sean de aplicación similares deducciones o bonificaciones, por lo que se hace necesario un estudio separado de la fiscalidad de estas figuras en los distintos impuestos[10]. Cabe adelantar como conclusión a este estudio que, a la vista del tratamiento tributario que reciben las WISEs, en España no se puede decir que la fiscalidad constituya un elemento significativo para la constitución de estas empresas (ni siquiera

---

[10] Se ha apuntado, como parte del problema, la llamada concepción binaria de las formas societarias en el Derecho europeo, conforme al art. 54 del TFUE. Según esta, habría, por un lado, sociedades de Derecho civil o mercantil y demás personas jurídicas de Derecho público o privado; y, por otro lado, sociedades sin fin lucrativo. Esta concepción dual es una «visión simplista», (en palabras del dictamen: «Hacia un marco jurídico europeo adaptado para las empresas de la economía social [2019/C 282/01, de 19 de junio]), que no deja espacio para otras manifestaciones empresariales» (HINOJOSA TORRALVO, J. J.: «El beneficio limitado como principio para la fiscalidad cooperativa» en AGUILAR RUBIO, M. y VARGAS VASSEROT, C. (dirs.): *Los principios cooperativos…, op. cit.,* p. 742).

para las cooperativas de iniciativa social, a las que les sería de aplicación el régimen tributario contenido en la Ley 20/1990, de 19 de diciembre, de Régimen Fiscal de Cooperativas) y, por ende, para combatir el desempleo, la exclusión social y la discriminación y para lograr la integración socio-laboral de determinados colectivos, algo que es muy criticable[11].

En el presente trabajo vamos a analizar el régimen tributario y fiscal de las entidades que sean calificadas como centros especiales de empleo o como empresas de inserción, diferenciando la forma jurídica-asociativa utilizada, sea una asociación, una fundación, una sociedad mercantil, una sociedad laboral, una sociedad cooperativa normal o una cooperativa de iniciativa social o de integración social. No obstante, como estas últimas son WISEs si tiene por objeto la inserción laboral de colectivos en riesgo de exclusión o con determinadas limitaciones físicas o psíquicas, independientemente de su calificación como centros especiales de empleo o como empresas de inserción, le dedicaremos un capítulo aparte al final de este trabajo, en el que además trataremos del criticable régimen fiscal de las cooperativas sin ánimo de lucro, a las que se le aplica el régimen fiscal general de la Ley 20/1990.

[11] Como hizo en el ámbito de las empresas de inserción BONET SÁN-CHEZ, M. P.: «Empresas de inserción: razones para una fiscalidad específica», *CIRIEC-España. Revista jurídica de economía social y cooperativa*, núm. 21, 2010, pp. 29-30.

CAPÍTULO I

LOS CENTROS ESPECIALES
DE EMPLEO

1. CONCEPTO, REGULACION LEGAL Y CALIFICACIÓN DE CENTRO DE EMPLEO DE INICIATIVA SOCIAL

En la actualidad encontramos dos posibles vías de integración laboral de las personas con discapacidad. De un lado, la integración directa en el mercado abierto ordinario de trabajo y de otro la integración en el mercado protegido a través de centros especiales de empleo. Los centros especiales de empleo tienen como objetivo principal proporcionar a los trabajadores con discapacidad la realización de un trabajo productivo y remunerado, adecuado a sus características personales y que facilite la integración laboral de estos en el mercado ordinario de trabajo. Este es el tipo de WISE más difundido en España con diferencia respecto a las empresas de inserción. Según datos de CIRIEC, en 2019 había 2 166 centros especiales de empleo mientras que en las mismas fechas solo había 291 empresas de inserción[1].

Aunque se dice que los centros especiales de empleo deben representar una ayuda para la inserción laboral de las personas con discapacidad, un «trampolín» que les permita dar el salto a la empresa ordinaria, con una mayor preparación y seguridad[2], en la actualidad los datos oficiales indican que la tendencia es que el centro especial de empleo termine por constituir un fin en lugar de un medio, lo cual puede resultar razonable con ciertas discapacidades y en ciertas circunstancias. Actualmente, aproximadamente el 70 por 100 de los contratos firmados por personas con discapacidad tienen lugar en centros especiales de empleo, cifra que se repite año tras año y que cuestiona su carácter transitorio[3].

Los centros especiales de empleo son entidades que forman parte de la familia de la economía social. La LES los incluye expresamente en el listado del art. 5.1 de entidades de la economía social. Esta inclusión es, sin embargo, discutida, ya que una parte autorizada de la doctrina considera que solo deberían ser consideradas como tales a los centros especiales de empleo cuya titularidad fuera de una entidad sin ánimo lucrativo[4], idea que late en la regulación de los *centros espe-*

---

[1] CIRIEC-España, *Magnitudes de la Economía Social 2019, CIRIEC-España*, 2019, disponible en *https://ciriecstat.com/dato/magnitudes-de-la-economia-social-en-espana-2019*. Para un estudio de detalle del sector, ALEGRE NUENO, M, «Centros especiales de empleo: realidad y nuevos retos», en FAJARDO GARCÍA (coord.), *La promoción del emprendimiento y la inserción social desde la economía social*, Valencia, CIRIEC, 2018, pp. 141-144.

[2] Como señala el Real Decreto 2273/1985, de 4 de diciembre, por el que se aprueba el Reglamento de los Centros Especiales de Empleo definidos en el art. 42 de la Ley 13/1982, de 7 de abril, de Integración Social del Minusválido.

[3] Datos OBSERVATORIO DE LAS OCUPACIONES: *Informe del Mercado de Trabajo de las Personas con Discapacidad Estatal Datos*, SEPE, 2021.

[4] Así PANIAGUA ZURERA, M.: *Las empresas de economía social más allá del comentario a la Ley 5/2011, de economía social*, Madrid, Marcial Pons, 2011, p. 205. Por su parte, Moratalla Santamaría, entiende que solo los centros de empleo sin ánimo lucrativo comparten y ponen en práctica los principios, valores y objetivos fundamentales de la economía social («Centros Especiales de Empleo», *CIRIEC-España. Revista Jurídica de Economía Social y Cooperativa*, núm. 29, 2016, p. 25).

ciales de empleo de iniciativa social (de los que trataremos
después). En esta dirección apunta el ALIIES, que proponía
reformar el citado art. 5.1 de la LES, de manera que el listado
de entidades de la economía social solo recogiera exclusivamente a los centros especiales de empleo que fueran de iniciativa social.

Como señala la exposición de motivos del ALIIES, de las
cuatro principales modificaciones que se quieren acometer en
la LES con esta norma, dos tienen relación con los centros
especiales de empleo y las entidades prestadoras de SIEG.
En concreto, son fines de la norma: 1.º «Clarificar el ámbito
de aplicación objetivo de las entidades que integran el ecosistema de la Economía Social, añadiendo la alusión a los
centros especiales de empleo de iniciativa social, introducir
el concepto de empresa social y enfatizar en la declaración
de entidades prestadoras de Servicios de Interés Económico
General»: 2.º «Avanzar en la regulación de los actos de atribu-
ción de los Servicios de Interés Económico General».

Respecto a esto último, recordemos que la Ley 31/2015
por la que se modifica y actualiza la normativa en materia de
autoempleo y se adoptan medidas de fomento y promoción
del trabajo autónomo y de la Economía Social, a través de
la reforma del art. 5.1 de la LES, declaró a los centros especiales de empleo (y a las empresas de inserción) como *entidades prestadoras de Servicios de Interés Económico General* (SIEG). El principal efecto de este reconocimiento, como
vimos en el capítulo introductorio de eta obra, es que esto
permite incrementar el número de ayudas estatales por compensación del servicio público que realizan, así como obtener
algunos beneficios en materia de tributos (sobre todo locales)
y en contratación pública, sin colisión con el Derecho de la
competencia europeo.

Por otra parte, como ocurre con las empresas de inserción, los centros especiales de empleo son un reconocimiento
jurídico-administrativo, pero necesariamente debe haber una
entidad con personalidad jurídica, del tipo que sea, que es la
que obtiene la calificación. Como veremos, mientras en las
empresas de inserción la legislación ha cuidado que estas (o,

mejor dicho, la sociedades mercantiles o cooperativas que se reconozcan como tales) estén participadas en el capital mayoritariamente por entidades sin ánimo de lucro (art. 6 de la Ley 44/2007), para los centros especiales de empleo esto no se hizo, lo que, sin duda, ha facilitado el uso de esta figura de manera abusiva para lograr fines crematísticos por parte de sus fundadores, alejándose de los objetivos sociales que deberían tener siempre este tipo de entidades y que en muchos casos ha llegado a ser noticia en la prensa nacional[5].

Respecto a su regulación legal, las normas de referencia en nuestro ordenamiento para los centros especiales de empleo son, de un lado, el Real Decreto Legislativo 1/2013, de 29 de noviembre, por el que se aprueba el Texto Refundido de la Ley General de derechos de las personas con discapacidad y de su inclusión social (en adelante, Ley general de la discapacidad) y, de otro, el Real Decreto 2273/1985 por el que se aprueba el Reglamento de los centros especiales de empleo, aunque hay que considerarlo derogado en los aspectos que contradice la ley, que son muchos.

La primera de estas normas surge a raíz de la ratificación por parte de España de la *Convención internacional sobre los Derechos de las personas con discapacidad* de la Asamblea General de las Naciones Unidas, de 13 de enero de 2006, que muestra la necesidad de adaptación del marco jurídico existente[6], lo que se llevó a cabo refundiendo tres leyes: la Ley 13/1982, de 7 de abril, de integración social de los minusválidos[7]; la Ley 51/2003, de 2 de diciembre, de igualdad de oportunidades, no discriminación y accesibilidad universal

---

[5] Para conocer algunos casos, puede consultarse el artículo de prensa titulado «Cuando la discapacidad se convierte en un negocio», publicado en el diario *El Mundo* el 2 de septiembre de 2016, disponible en *https://www.elmundo.es/sociedad/2016/08/30/57bf1f7022601db6348b45e7.html.*

[6] La base normativa se encuentra en la disposición final segunda de la Ley 26/2011, de 1 de agosto de 26 de diciembre, modificada por la disposición final quinta de la Ley 12/2012.

[7] Esta ley supuso un avance relevante como norma reguladora de un sistema de apoyos, prestaciones y medidas en las áreas social, laboral, educativa, etc. y como garante de los derechos de las personas con discapacidad en igualdad de condiciones al resto de la población (MORATALLA SANTAMARÍA, P.: «Centros

a las personas con discapacidad[8] y la Ley 49/2007, de 26 de diciembre, por la que se establece el régimen de infracciones y sanciones en materia de igualdad de oportunidades, no discriminación y accesibilidad universal de las personas con discapacidad que completaba el marco jurídico[9].

La Ley general de la discapacidad define en su art. 43.1 a los centros especiales de empleo como «aquellos cuyo objetivo principal es el de realizar una actividad productiva de bienes o de servicios, participando regularmente en las operaciones del mercado, y tienen como finalidad el asegurar un empleo remunerado para las personas con discapacidad; a la vez que son un medio de inclusión del mayor número de estas personas en el régimen de empleo ordinario. Igualmente, los centros especiales de empleo deberán prestar, a través de las unidades de apoyo, los servicios de ajuste personal y social que requieran las personas trabajadoras con discapacidad, según sus circunstancias y conforme a lo que se determine reglamentariamente». La plantilla de los centros especiales de empleo estará constituida por, al menos, el 70 por 100 de personas trabajadoras con discapacidad, sin contar el personal sin discapacidad dedicado a la prestación de servicios de ajuste personal y social (que son los que permitan ayudar a superar las barreras, obstáculos o dificultades de las personas con discapacidad en el trabajo) ni el personal que ayude a la inclusión social, cultural y deportiva de dichos trabajadores (art. 43.2 Ley general de la discapacidad).

En cuanto a la creación de los centros especiales de empleo, la Ley general de la discapacidad, con una técnica le-

---

Especiales de Empleo», *CIRIEC-España. Revista Jurídica de Economía Social y Cooperativa*, núm. 29, 2016, p. 4).

[8] Ley que dio un nuevo impulso a las políticas defendidas en la propia, destacando líneas estratégicas en la lucha contra la discriminación y la accesibilidad universal

[9] Sobre la configuración legal de los centros especiales de empleo y su desarrollo normativo, véase SANCHEZ PACHÓN, L.A.: «Centros Especiales de Empleo: configuración legal e incidencia y valoración de las últimas actuaciones normativas», *CIRIEC-España. Revista Jurídica de Economía Social y Cooperativa*, núm. 36, 2020, pp. 61 a 65.

gislativa muy criticable[10], señala que estos podrán ser creados «tanto por organismos públicos y privados como por las
empresas» (art. 45.1)[11]. Al hablar de organismos privados, se
entiende también que las fundaciones y asociaciones pueden
crear centros especiales de empleo, como de hecho ocurre en
muchas ocasiones. Por otra parte, como se observa, parece
que el legislador en este precepto confunde el termino de empresas con el de empresario, sea individual sea social, que son
los titulares de las empresas y que son los que tienen personalidad jurídica y los que pueden ser calificados como centros
especiales de empleo por la administración pública[12]. Estos
empresarios normalmente tienen la forma jurídica de sociedades mercantiles de las que pueden ser socios tanto personas
físicas como personas jurídicas.

Hay que señalar que la Ley 27/1999, de 16 de julio, de
Cooperativas (en adelante LCOOP) (art. 106) y prácticamente
todas las leyes cooperativas autonómicas regulan a las *cooperativas de iniciativa social* que tienen como finalidad, junto a
otras, el desarrollo de cualquier actividad económica que tenga por finalidad la integración laboral de personas que sufran
cualquier clase de exclusión social. Así, por ejemplo, el art. 94
Ley Sociedades Cooperativas Andaluzas (que las denomina
originalmente *cooperativas de interés social*), art. 143 Ley
de Cooperativas de Cataluña, art. 156.3 Ley Cooperativas del
País Vaco, art. 104 Ley de Cooperativas de la Comunidad de
Madrid, y art. 168 Ley de Sociedades Cooperativas de Extremadura.

---

[10] Como apunta GRIMALDOS GARCÍA, M. I.: «Los centros especiales de empleo. Aproximación a su régimen jurídico», *CIRIEC-España. Revista jurídica de
la economía social y cooperativa*, núm. 26, 2015, pp. 233 y ss.

[11] En una misma línea de deficiente técnica jurídica utilizada, el Real Decreto 2273/1985 establece que los centros especiales de empleo podrán ser creados
por las «administraciones públicas, bien directamente o en colaboración con otros
organismos, por entidades, o por personas físicas, jurídicas o comunidades de
bienes que tengan capacidad jurídica y de obrar para ser empresarios» (art. 6).

[12] Para que una entidad funcione como centro especial de empleo y pueda
beneficiarse de las ayudas promovidas por las Administraciones estatal o autonómicas, deberá obligatoriamente calificarse e inscribirse en el Registro de Centros del Servicio Público de Empleo Estatal o, en su caso, en el correspondiente de
las Administraciones autonómicas.

Pero es que, además, algunas leyes autonómicas han regulado un tipo especial de cooperativa de trabajo asociado pensado precisamente para la integración de determinados colectivos, entre los que se incluyen expresamente a las personas con discapacidad, a los que se hacen socios, y que se denominan *cooperativas de integración social*[13]. Esto ocurre, por ejemplo, en el art. 100 Reglamento de la Ley Sociedades Cooperativas Andaluzas, arts. 133-134 Ley Cooperativas del País Vasco, art. 125 Ley de Cooperativas de la Comunidad de Madrid y art. 169 Ley de Sociedades Cooperativas de Extremadura.

Volviendo al art. 45 de la Ley general de la discapacidad, e integrándolo con el art. 5 del Real Decreto 2273/1985 por el que se aprueba el Reglamento de los centros especiales de empleo, estos pueden tener carácter público o privado, y atendiendo a la aplicación de sus posibles beneficios, podrán carecer o no de ánimo de lucro. Está claro que nuestro ordenamiento, no establece, con carácter general, limitación alguna respecto de la naturaleza pública y privada, forma societaria o asociativa, ánimo de lucro o no de los entes que pueden ser reconocidos como centros especiales de empleo.

Pero esto cambió con la aprobación de la Ley 9/2017, de 8 de noviembre, de Contratos del Sector Público que introdujo un apartado 4 al art. 43 de la Ley general de discapacidad (mediante la disposición final decimocuarta) por el que adquieren carta de naturaleza los *Centros Especiales de Empleo de iniciativa social*. Estos centros se definen en la ley como aquellos que «son promovidos y participados en más de un 50 por 100, directa o indirectamente, por una o varias entidades, ya sean públicas o privadas, que no tengan ánimo de lucro o que tengan reconocido su carácter social en sus estatutos, ya sean asociaciones, fundaciones, corporaciones de Derecho público, cooperativas de iniciativa social u otras entidades de la economía social, así como también se incluyen dentro de

---

[13] Acerca de su régimen, HERNÁNDEZ CÁCERES, D.: «Las cooperativas sociales como manifestación del principio cooperativo de interés por la comunidad», en AGUILAR RUBIO (dir.): *Innovación social y elementos diferenciales de la economía social y cooperativa*, Madrid, Marcial Pons, 2022, pp. 79-98.

esta calificación aquellos cuya titularidad es de una sociedad mercantil, siempre que la mayoría de su capital social sea propiedad de alguna de las entidades señaladas anteriormente, ya sea de forma directa o bien indirecta a través del concepto de sociedad dominante regulado en el art. 42 del Código de Comercio y siempre que, en todos los casos, en sus estatutos o en acuerdo social se obligue a la reinversión íntegra de sus beneficios para la creación de oportunidades de empleo para personas con discapacidad y la mejora continua de su competitividad y de su actividad de economía social, teniendo en todo caso la facultad de optar por reinvertirlos en el propio centro especial de empleo o en otros centros especiales de empleo de iniciativa social».

Con razón se ha criticado la deficiente técnica legislativa utilizada para regular a este tipo de centros especiales de empleo[14], porque de su lectura no se sabe bien qué es lo que debe ser promovido o participado por las entidades sin ánimo de lucro y quién puede promover o participar en los centros especiales de empleo. Con muchas dudas de interpretación, porque el texto es bastante ilegible en muchos puntos, haciendo una analogía con lo dispuesto en los art. 4 y 5 de la Ley 44/2007 reguladora de las empresas de inserción, parece que lo que puede ser promovido o participado (se entiende en el capital social) es una sociedad mercantil o una cooperativa.

Respecto a qué tipo de entidades pueden participar en el capital social de estas sociedad, por un lado, pueden ser entidades sin ánimo de lucro (como son las asociaciones y fundaciones reconocidas como tales), y por otro, entidades que tengan reconocido su carácter social en sus estatutos (como pueden ser las cooperativas de iniciativa social u otras entidades de la economía social e incluso sociedades mercantiles en las que la mayoría de su capital social sea propiedad de alguna entidad de la economía social). En cualquier caso, se exige que en los estatutos o en el acuerdo social —se entiende que

---

[14] SÁNCHEZ PACHÓN, L.A.: «Centros Especiales de Empleo: configuración legal e incidencia y valoración de las últimas actuaciones normativas», *CIRIEC-España. Revista Jurídica de Economía Social y Cooperativa*, núm. 36, 2020, p. 72.

de la entidad reconocida como centro especial de empleo—, se obligue a la reinversión íntegra de sus beneficios para el desarrollo de la finalidad de integración de personas con discapacidad a través del empleo.

Otro aspecto criticable de esta regulación es que para ser reconocido como centro especial de empleo de iniciativa social se impone obligatoriamente la participación de una persona jurídica en más del 50 por 100 del capital social en la entidad que sea calificada como tal, lo que choca con los límites del capital social que pueden ostentar los socios colaboradores o asociados en las leyes cooperativas. Por ejemplo, según la LCOOP las aportaciones realizadas por los socios colaboradores, en ningún caso puede exceder del 45 por 100 del total de las aportaciones al capital social. Este porcentaje varía en algunas leyes autonómicas (por ejemplo, la LCOOP lo fija en 45 por 100 y la Ley de Sociedades Cooperativas Andaluzas en 20 por 100), pero en ningún caso llega al 50 por 100 de participación del que habla la Ley general de la discapacidad para los centros especiales de empleo de iniciativa social. Esta previsión también choca con el porcentaje del capital social del que pueden ser titulares de acciones o participaciones de carácter general (no laborales) en las sociedades laborales, que es de un 33 por 100 del total y que puede llegar hasta el 49 por 100 solo en el caso de que trate de socios que sean entidades públicas, de participación mayoritariamente pública, entidades no lucrativas o de la economía social [art. 1.2, letra *b)* LSLP].

En mi opinión, haciendo una interpretación racional del sentido del art. 43.3 de la Ley general de la discapacidad, podrían ser reconocidos como centros especiales de empleo de iniciativa social también a las entidades sin ánimo de lucro y/o de la economía social que se creen específicamente con esta finalidad (y que no necesariamente deban ser participadas por otras personas jurídicas), por ejemplo a través de la nueva creación de fundaciones, asociaciones, cooperativas normales, cooperativas de iniciativa social, cooperativas de integración social o sociedades laborales, siempre que estatutariamente se reconozca que no hay ánimo lucrativo y se obliguen a la reinversión íntegra de los beneficios obtenidos para la consecución de la finalidad de integración laboral de personas con discapacidad. Sin embargo, lo recomendable sería modificar este precepto de la Ley general de la discapacidad, y no exigir la concurrencia de una entidad promotora cuando el centro especial de empleo fuera una entidad de la economía social, como puede ser una cooperativa de iniciativa social o una sociedad laboral.

Actualmente, el que una entidad sea reconocida como centro especial de empleo sirve principal y casi únicamente para que la entidad pueda beneficiarse de la reserva especial de contratos públicos que prevé la disposición adicional 4.ª de la Ley 9/2017. Sin embargo, en un futuro se prevé, acertadamente, que solamente esta tipología de centros especiales de empleos esté incluida en el listado de entidades de la economía social y solo ellos podrán ser reconocidos como SIEG, con las importantes consecuencias que estas dos circunstancias tienen para poder ser beneficiarios de ayudas públicas y un régimen fiscal especial. Según el nuevo art. 5.1 de la LES propuesto por el ALIIES: «Forman parte de la economía social, siempre que se rijan por los principios establecidos en el artículo anterior, las cooperativas, las mutualidades, las fundaciones y las asociaciones que lleven a cabo actividad económica, las sociedades laborales, las empresas de inserción, *los centros especiales de empleo de iniciativa social,* las cofradías de pescadores, las sociedades agrarias de transformación, las empresas sociales y las entidades singulares creadas por normas específicas». Y según el nuevo art. 5.5 de la LES propuesto: «Se declaran entidades prestadoras de Servicios de Interés Económico General, los *centros especiales de empleo de iniciativa social* y las empresas de inserción, constituidas y calificadas como tales según su normativa reguladora».

Los centros especiales de empleo no tienen un régimen fiscal especial y tributariamente hablando no tiene ningún efecto que sean centros especiales de empleo normales o de iniciativa social. Por ello, habrá que acudir a la forma jurídica con la que se constituyan para saber las peculiaridades de su tributación. Dejando aparte a los que sean creados por las administraciones públicas, como hemos visto, los centros especiales de empleo pueden adoptar muy distintas formas jurídicas, que van desde tipos societarios (sociedades de capital, sociedades cooperativas, en especial de iniciativa social y de integración social) hasta fórmulas asociativas como son fundaciones o asociaciones.

2. EL RÉGIMEN FISCAL DE LOS CENTROS ESPECIALES DE EMPLEO CON FORMA JURÍDICA DE FUNDACIÓN O ASOCIACIÓN

De todas las fórmulas asociativas que pueden ser calificada como centro especial de empleo, sin duda, son las fundaciones y las asociaciones las que pueden tener una fiscalidad más ventajosa, y seguramente esta sea una de las razones de que sean fórmulas habitualmente utilizadas para crear centros especiales de empleo 15, siendo además en este caso en la modalidad de iniciativa social (art. 43.3 de la Ley general de la discapacidad). Recordemos que las asociaciones y de las fundaciones, cuando realizan actividades económicas, son entidades de la economía social (art. 5.1 de la LES). Como ambos tipos asociativos son entidades sin ánimo de lucro, vamos a analizar su régimen fiscal conjuntamente porque, con carácter general, la tributación en los distintos impuestos analizados —Impuesto sobre Sociedades (IS), Impuesto sobre Transmisiones Patrimoniales y Actos Jurídicos Documentados (ITPAJD), Impuesto sobre el Valor Añadido (IVA) e impuestos locales— es prácticamente la misma. Las normas de referencia son la Ley 49/2002, de 23 de diciembre, de régimen fiscal de las entidades sin fines lucrativos y de los incentivos fiscales al mecenazgo, en especial su título II («Régimen fiscal especial de las entidades sin fines lucrativos») y el Reglamento para la aplicación de dicho régimen fiscal aprobado por el Real Decreto 1270/2003.

---

[15] MÉNDEZ TERROSO, I.: «Incentivos fiscales de los Centros Especiales de Empleo», *Revista del Ministerio de Trabajo y Asuntos Sociales,* núm. 56, 2005, pp. 123 y s.

Según el art. 2 de la Ley 49/2002, solo pueden ser consideradas entidades sin fines lucrativos a efectos de esta ley un listado cerrado de entidades en el que expresamente se mencionan a las fundaciones [letra *a)*] y las asociaciones de utilidad pública [letra *b)*], que cumplan, además, las condiciones establecidas en el art. 3 de dicha norma.

Conviene precisar que no todas las asociaciones pueden ser declaradas entidades sin ánimo de lucro a efectos de beneficiarse del especial tratamiento fiscal que otorga la Ley 49/2002, sino solo las asociaciones que sean de utilidad pública, como explicita el art. 2, letra *b)* de dicha norma. Tal como establece el art. 32 de la Ley Orgánica 1/2002 reguladora del Derecho de Asociación podrán ser declaradas de utilidad pública aquellas asociaciones en las que concurran los siguientes requisitos:

«1. A iniciativa de las correspondientes asociaciones, podrán ser declaradas de utilidad pública aquellas asociaciones en las que concurran los siguientes requisitos:

a) Que sus fines estatutarios tiendan a promover el interés general, en los términos definidos por el art. 31.3 de esta Ley, y sean de carácter cívico, educativo, científico, cultural, deportivo, sanitario, de promoción de los valores constitucionales, de promoción de los derechos humanos, de víctimas del terrorismo, de asistencia social, de cooperación para el desarrollo, de promoción de la mujer, de promoción y protección de la familia, de protección de la infancia, de fomento de la igualdad de oportunidades y de la tolerancia, de defensa del medio ambiente, de fomento de la economía social o de la investigación, de promoción del voluntariado social, de defensa de consumidores y usuarios, de promoción y atención a la personas en riesgo de exclusión por razones físicas, sociales, económicas o culturales, y cualesquiera otros de similar naturaleza.

b) Que su actividad no esté restringida exclusivamente a beneficiar a sus asociados, sino abierta a cualquier otro posible beneficiario que reúna las condiciones y caracteres exigidos por la índole de sus propios fines.

c) Que los miembros de los órganos de representación que perciban retribuciones no lo hagan con cargo a fondos y subvenciones públicas. No obstante, lo dispuesto en el párrafo anterior, y en los términos y condiciones que se determinen en los Estatutos, los mismos podrán recibir una retribución adecuada por la realización de servicios diferentes a las funciones que les corresponden como miembros del órgano de representación.

d) Que cuenten con los medios personales y materiales adecuados y con la organización idónea para garantizar el cumplimiento de los fines estatutarios.

e) Que se encuentren constituidas, inscritas en el Registro correspondiente, en funcionamiento y dando cumplimiento efectivo a sus fines estatutarios, ininterrumpidamente y concurriendo todos los precedentes requisitos, al menos durante los dos años inmediatamente anteriores a la presentación de la solicitud.

2. Las federaciones, confederaciones y uniones de entidades contempladas en esta Ley podrán ser declaradas de utilidad pública, siempre que los requisitos previstos en el apartado anterior se cumplan, tanto por las propias federaciones, confederaciones y uniones, como por cada una de las entidades integradas en ellas».

De todas estas obligaciones, destacamos que sus fines estatutarios tiendan a promover el interés general y sean, entre otros, de asistencia social y «de promoción y atención a las personas en riesgo de exclusión por razones físicas, sociales, económicas o culturales, y cualesquiera otros de similar naturaleza» [letra *a)*], requisitos estos que de forma natural lo cumplen las asociaciones que sean calificadas como centros especiales de empleo.

Hecha esta precisión, conviene recordar, a su vez, las condiciones que impone art. 3 de la Ley 49/2002 para ser poder ser consideradas, a efectos de esta Ley, como entidades sin fines lucrativos [16]:

---

[16] Modificados por el art. 129.1 del Real Decreto-ley 6/2023 por el que se aprueban medidas urgentes para la ejecución del Plan de Recuperación, Transformación y Resiliencia en materia de servicio público de justicia, función pública, régimen local y mecenazgo. Del régimen fiscal del mecenazgo en España traté en AGUILAR RUBIO, M. y CIARCIA, A. R.: «Régimen tributario comparado del mecenazgo en España e Italia», *REVESCO. Revista de Estudios Cooperativos*, núm. 86, 2005, pp. 7-37.

«1.º Que persigan fines de interés general, como pueden ser, entre otros, los de defensa de los derechos humanos, de las víctimas del terrorismo y actos violentos, los de asistencia social e inclusión social, cívicos, educativos, culturales, científicos, deportivos, sanitarios, laborales, de fortalecimiento institucional, de cooperación para el desarrollo, de promoción del voluntariado, de promoción de la acción social, de defensa del medio ambiente, de defensa de los animales, de promoción y atención a las personas en riesgo de exclusión por razones físicas, económicas o culturales, de promoción de los valores constitucionales y defensa de los principios democráticos, de fomento de la tolerancia, de fomento de la economía social, de desarrollo de la sociedad de la información, de investigación científica, desarrollo o innovación tecnológica y de transferencia de la misma hacia el tejido productivo como elemento impulsor de la productividad y competitividad empresarial.

2.º Que destinen, directa o indirectamente, a la realización de dichos fines al menos el 70 por 100 de las siguientes rentas e ingresos:

a) Las rentas de las explotaciones económicas que desarrollen.

b) Las rentas derivadas de la transmisión de bienes o derechos de su titularidad. En el cálculo de estas rentas no se incluirán las obtenidas en la transmisión onerosa de bienes inmuebles en los que la entidad desarrolle la actividad propia de su objeto o finalidad específica, siempre que el importe de la citada transmisión se reinvierta en bienes y derechos en los que concurra dicha circunstancia.

c) Los ingresos que obtengan por cualquier otro concepto, deducidos los gastos realizados para la obtención de tales ingresos. Los gastos realizados para la obtención de tales ingresos podrán estar integrados, en su caso, por la parte proporcional de los gastos por servicios exteriores, de los gastos de personal, de otros gastos de gestión, de los gastos financieros y de los tributos, en cuanto que contribuyan a la obtención de los ingresos, excluyendo de este cálculo los gastos realizados para el cumplimiento de los fines estatutarios o del objeto de la entidad sin fines lucrativos. En el cálculo de los ingresos no se incluirán las aportaciones o donaciones recibidas en concepto de dotación patrimonial en el momento de su constitución o en un momento posterior. Las entidades sin fines lucrativos deberán destinar el resto de las rentas e ingresos a incrementar la dotación patrimonial o las reservas.

3.º Que la actividad realizada no consista en el desarrollo de explotaciones económicas ajenas a su objeto o finalidad estatutaria. Se entenderá cumplido este requisito si el importe neto de la cifra de negocios del ejercicio correspondiente al conjunto de las explotaciones económicas no exentas ajenas a su objeto o finalidad estatutaria no excede del 40 por 100 de los ingresos totales de la entidad, siempre que el desarrollo de estas explotaciones económicas no exentas no vulnere las normas reguladoras de defensa de la competencia en relación con empresas que realicen la misma actividad. A efectos de esta Ley, se considera que las entidades sin fines lucrativos desarrollan una explotación económica cuando realicen la ordenación por cuenta propia de medios de producción y de recursos humanos, o de uno de ambos, con la finalidad de intervenir en la producción o distribución de bienes o servicios. El arrendamiento u otras formas de cesión de uso del patrimonio inmobiliario de la entidad no constituye, a estos efectos, explotación económica.

4.º Que los fundadores, asociados, patronos, representantes estatutarios, miembros de los órganos de gobierno y los cónyuges o parientes hasta el cuarto grado inclusive de cualquiera de ellos no sean los destinatarios principales de las actividades que se realicen por las entidades, ni se beneficien de condiciones especiales para utilizar sus servicios. Lo dispuesto en el párrafo anterior no se aplicará a las actividades de investigación científica y desarrollo tecnológico, ni a las actividades de asistencia social o deportivas a que se refiere el art. 20, apartado uno, en sus números 8.º y 13.º, respectivamente, de la Ley 37/1992, de 28 de diciembre, del Impuesto sobre el Valor Añadido, ni a las fundaciones cuya finalidad sea la conservación y restauración de bienes del Patrimonio Histórico Español que cumplan las exigencias de la Ley 16/1985, de 25 de junio, del Patrimonio Histórico Español, o de la Ley de la respectiva Comunidad Autónoma que le sea de aplicación, en particular respecto de los deberes de visita y exposición pública de dichos bienes. Lo dispuesto en el primer párrafo de este número no resultará de aplicación a las entidades a que se refiere la letra *e)* del artículo anterior.

5.º Que los cargos de patrono, representante estatutario y miembro del órgano de gobierno sean gratuitos, sin perjuicio del derecho a ser reembolsados de los gastos debidamente justificados que el desempeño de su función les ocasione, sin que las cantidades percibidas por este concepto puedan exceder de los límites previstos en la normativa del Impuesto sobre la Renta de las Personas Físicas para ser consideradas dietas exceptuadas de gravamen.

Lo dispuesto en el párrafo anterior no resultará de aplicación a las entidades a que se refiere la letra *e)* del artículo anterior y respetará el régimen específico establecido para aquellas asociaciones que, de acuerdo con la Ley Orgánica 1/2002, de 22 de marzo, reguladora del Derecho de Asociación, hayan sido declaradas de utilidad pública.

No tendrán la consideración de remuneración de los cargos, los seguros de responsabilidad civil contratados por la entidad sin fines lucrativos en beneficio de los patronos, representantes estatutarios y miembros del órgano del gobierno, siempre que solo cubran riesgos derivados del desempeño de tales cargos en la entidad.

Los patronos, representantes estatutarios y miembros del órgano de gobierno podrán percibir de la entidad retribuciones por la prestación de servicios, incluidos los prestados en el marco de una relación de carácter laboral, distintos de los que implica el desempeño de las funciones que les corresponden como miembros del Patronato u órgano de representación, siempre que se cumplan las condiciones previstas en las normas por las que se rige la entidad. Tales personas no podrán participar en los resultados económicos de la entidad, ni por sí mismas, ni a través de persona o entidad interpuesta.

Lo dispuesto en este número será de aplicación igualmente a los administradores que representen a la entidad en las sociedades mercantiles en que participe, salvo que las retribuciones percibidas por la condición de administrador se reintegren a la entidad que representen.

En este caso, la retribución percibida por el administrador estará exenta del Impuesto sobre la Renta de las Personas Físicas, y no existirá obligación de practicar retención a cuenta de este impuesto.

6.º Que, en caso de disolución, su patrimonio se destine en su totalidad a alguna de las entidades consideradas como entidades beneficiarias del mecenazgo a los efectos previstos en los arts. 16 a 25, ambos inclusive, de esta Ley, o a entidades públicas de naturaleza no fundacional que persigan fines de interés general, y esta circunstancia esté expresamente contemplada en el negocio fundacional o en los estatutos de la entidad disuelta, siendo aplicable a dichas entidades sin fines lucrativos lo dispuesto en la letra *c)* del apartado 1 del art. 97 de la Ley 43/1995, de 27 de diciembre, del Impuesto sobre Sociedades[17].

En ningún caso tendrán la condición de entidades sin fines lucrativos, a efectos de esta Ley, aquellas entidades cuyo régimen jurídico permita, en los supuestos de extinción, la reversión de su patrimonio al aportante de este o a sus herederos o legatarios, salvo que la reversión esté prevista en favor de alguna entidad beneficiaria del mecenazgo a los efectos previstos en los arts. 16 a 25, ambos inclusive, de esta Ley.

7.º Que estén inscritas en el registro correspondiente.

8.º Que cumplan las obligaciones contables previstas en las normas por las que se rigen o, en su defecto, en el Código de Comercio y disposiciones complementarias.

9.º Que cumplan las obligaciones de rendición de cuentas que establezca su legislación específica. En ausencia de previsión legal específica, deberán rendir cuentas antes de transcurridos seis meses desde el cierre de su ejercicio ante el organismo público encargado del registro correspondiente.

10.º Que elaboren anualmente una memoria económica en la que se especifiquen los ingresos y gastos del ejercicio, de manera que puedan identificarse por categorías y por proyectos, así como el porcentaje de participación que mantengan en entidades mercantiles. Las entidades que estén obligadas en virtud de la normativa contable que les sea de aplicación a la elaboración anual de una memoria deberán incluir en dicha memoria la información a que se refiere este número».

De estos requisitos, destacamos, en primer lugar, los que están más relacionados con los fines sociales y las actividades que desarrollan normalmente las fundaciones y asociaciones que sean calificadas como centros especiales de empleo. Así, deben «perseguir fines de interés general» (art. 3.1), y la ley menciona expresamente los «de asistencia social e inclusión social» y los «de promoción y atención a

---

[17] Esta referencia hoy se entiende hecha al art. 76.1, letra *c)* de la LIS.

las personas en riesgo de exclusión por razones físicas, económicas o culturales».

En segundo lugar, deben destinar a la realización de dichos fines al menos el 70 por 100 de las rentas de las explotaciones económicas que desarrollen, de las derivadas de la transmisión de bienes o derechos de su titularidad (no se incluyen las obtenidas por onerosa de bienes inmuebles en los que la entidad desarrolle la actividad propia de su objeto o finalidad específica, siempre que el importe de la citada transmisión se reinvierta en bienes y derechos en los que concurra dicha circunstancia) y de los ingresos que obtengan por cualquier otro concepto; y el resto de las rentas e ingresos de las entidades sin fines lucrativos de deben incrementar la dotación patrimonial o las reservas (art. 3.2).

Una cuestión relevante es que no es de aplicación el requisito del art. 3.2.4.º, por el que los fundadores, asociados, patronos, representantes estatutarios, miembros de los órganos de gobierno y los cónyuges o parientes hasta el cuarto grado no puedan ser destinatarios principales de las actividades que se realicen por las entidades, ni se beneficien de condiciones especiales para utilizar sus servicios, ya que dicho precepto dice que no se aplicará «a las actividades de asistencia social a que se refiere el art. 20, apartado uno, en sus números 8.º y 13.º, respectivamente, de la Ley 37/1992, de 28 de diciembre, del Impuesto sobre el Valor Añadido» y, en particular, el primero de estos dos apartados se refiere a una serie de prestaciones de servicios de asistencia social efectuadas por entidades de Derecho Público o entidades o establecimientos privados de carácter social, entre las que expresamente se incluye la «educación especial y asistencia a personas con minusvalía» [letra *c)*].

Todas las condiciones que establece la ley para ser consideradas entidades sin ánimo de lucro son fácilmente alcanzables para las que pretendan calificarse como centros especiales de empleo y, en especial, destacamos la necesidad de que persigan fines de interés general, entre los que se incluyen de manera expresa los de asistencia social e inclusión social y de promoción y atención a las personas en riesgo de exclusión por razones físicas.

Por su parte, el Real Decreto 1270/2003 señala que, para la aplicación del régimen fiscal especial previsto en la Ley 49/2002, la entidad deberá comunicar a la Administración tributaria su opción expresa por dicho régimen a través de la correspondiente declaración censal. Esto se hace a través del modelo 036 de la Agencia Tributaria, que es la declaración censal de alta, modificación y baja en el censo de empresario, profesionales y retenedores, y que contiene un apartado titulado «Régimen fiscal especial del Título II de la Ley 49/2002», que debe completase cuando el obligado tributario opte por la aplicación de este régimen o quiera comunicar la renuncia al mismo.

Por otra parte, como establece el art. 33 de la Ley Orgánica 1/2002 reguladora del Derecho de Asociación, las asociaciones declaradas de utilidad pública tendrán el derecho de disfrutar de las exenciones y beneficios fiscales que las leyes reconozcan a favor de estas, en los términos y condiciones previstos en la normativa vigente [letra *b)*]. Veamos la tributación de las fundaciones y las asociaciones de utilidad pública en los distintos tipos de impuestos.

2.1. Tributación en el Impuesto sobre Sociedades

La Ley 49/2002 tiene un capítulo II titulado «Impuesto sobre Sociedades e Impuesto sobre la Renta de no Residentes» (arts. 5 a 14), que contiene el régimen especial para las entidades sin fines lucrativos en el IS, que ha sido recientemente reformado por el Real Decreto-ley 6/2023 por el que se aprueban medidas urgentes para la ejecución del plan de recuperación, transformación y resiliencia en materia de servicio público de justicia, función pública, régimen local y mecenazgo. Sin poder entrar en detalle en este régimen, para lo que remitimos a la bibliografía especializada[18], cabe señalar

---

[18] Aunque algo antiguo, sigue siendo de referencia la obra colectiva García-Mauriño Blanco, E. (coord.): *Régimen fiscal de las entidades sin ánimo*

que la norma establece que están exentas del IS las rentas
obtenidas por entidades sin fines lucrativos que procedan de
una serie de explotaciones, algunas de ellas muy relacionadas
con los servicios que pueden desarrollar los centros especiales
de empleo. En concreto, el art. 7.1 de la Ley 49/2002, declara
que están exentas del IS las rentas obtenidas por entidades
sin fines lucrativos que procedan de las explotaciones económicas de prestación de servicios de promoción y gestión de
la acción social, así como los de asistencia social e inclusión
social «a personas con discapacidad, incluida la formación
ocupacional, la inserción laboral y la explotación de granjas,
talleres y centros especiales en los que desarrollen su trabajo»
(art. 7.1).

El art. 9.2 de la Ley 27/2014, de 27 de noviembre, del Impuesto sobre Sociedades (en adelante, LIS) establece al respecto que «estarán parcialmente exentas del Impuesto, en los
términos previstos en el título II de la Ley 49/2002, de 23 de
diciembre, de régimen fiscal de las entidades sin fines lucrativos y de los incentivos fiscales al mecenazgo, las entidades
e instituciones sin ánimo de lucro a las que sea de aplicación
dicho título». Por otra parte, la Ley 49/2002 señala que en la
base imponible del IS de las entidades sin fines lucrativos solo
se incluirán las rentas derivadas de las explotaciones económicas no exentas (art. 9) y que la base imponible positiva que
corresponda a las rentas derivadas de explotaciones económicas no exentas será gravada al tipo del 10 por 100 (art. 10),
algo que se reitera en el art. 29 de la LIS. Y si la fundación
o asociación que se constituye como centro especial de empleo no cumple los requisitos exigidos para la aplicación del
régimen de la Ley 49/2002, podrán tributar por el IS en el
régimen especial de las entidades parcialmente exentas, como
establece el art. 9.3, letra *a)* de la LIS. En tal caso, le sería de
aplicación el capítulo xv de la LIS (arts. 109-111) que consiste, principalmente, en la exención de las rentas que procedan

---

de lucro, Centro de Estudios Ramón Areces, 2004. Y también ADAME MARTÍNEZ,
F. D. y PEDREIRA MENÉNDEZ, J (dirs.): *La regulación de las entidades no lucrati-
vas y el mecenazgo: cuestiones pendientes para una reforma,* Madrid, Thomson
Reuters –Aranzadi, 2015, por citar algunas.

de la realización de actividades que constituyan su objeto o finalidad específica, siempre que no tengan la consideración de actividades económicas. El resto de las rentas estarán sujetas a tributación y gravadas con el tipo general del 25 por 100 (art. 29.1 de la LIS).

No tendrán la consideración de gastos deducibles, además de los establecidos por la normativa general del IS, los imputables exclusivamente a las rentas exentas; las cantidades destinadas a la amortización de elementos patrimoniales no afectos a las explotaciones económicas sometidas a gravamen; y las cantidades que constituyan aplicación de resultados y, en particular, de los excedentes de explotaciones económicas no exentas.

Por otra parte, respecto a los donativos y donaciones que puedan recibir los centros especiales de empleo, el art. 17 de la Ley 44/1992 dispone que dan derecho a practicar deducciones en el IS las siguientes:

«*a)* Donativos y donaciones dinerarias, de bienes o de derechos.

b) Cuotas de afiliación a asociaciones que no se correspondan con el derecho a percibir una prestación presente o futura.

c) La constitución de un derecho real de usufructo sobre bienes, derechos o valores, realizada sin contraprestación.

d) Donativos o donaciones de bienes que formen parte del Patrimonio Histórico Español, que estén inscritos en el Registro general de bienes de interés cultural o incluidos en el Inventario general a que se refiere la Ley del Patrimonio Histórico Español.

e) Donativos o donaciones de bienes culturales de calidad garantizada en favor de entidades que persigan entre sus fines la realización de actividades museísticas y el fomento y difusión del patrimonio histórico artístico.

f) La cesión de uso de un bien mueble o inmueble, por un tiempo determinado, realizada sin contraprestación».

Según establece el art. 18 de la Ley 44/1992, la base de las deducciones por estos donativos, donaciones y aportaciones realizados en favor de las entidades sin ánimo de lucro serán, con el límite máximo el valor normal en el mercado del bien o derecho transmitido en el momento de su transmisión, las siguientes:

«*a)* En los donativos dinerarios, su importe.

b) En los donativos o donaciones de bienes o derechos, el valor contable que tuviesen en el momento de la transmisión y, en su defecto, el valor determinado conforme a las normas del Impuesto sobre el Patrimonio.

c) En la constitución de un derecho real de usufructo sobre bienes inmuebles, el importe anual que resulte de aplicar, en cada uno de los periodos impositivos de duración del usufructo, el 2 por 100 al valor catastral, determinándose proporcionalmente al número de días que corresponda en cada periodo impositivo.

d) En la constitución de un derecho real de usufructo sobre valores, el importe anual de los dividendos o intereses percibidos por el usufructuario en cada uno de los periodos impositivos de duración del usufructo.

e) En la constitución de un derecho real de usufructo sobre otros bienes y derechos, el importe anual resultante de aplicar el interés legal del dinero de cada ejercicio al valor del usufructo determinado en el momento de su constitución conforme a las normas del Impuesto sobre Transmisiones Patrimoniales y Actos Jurídicos Documentados.

f) En los donativos o donaciones de obras de arte de calidad garantizada y de los bienes que formen parte del Patrimonio Histórico la valoración efectuada por la Junta de Calificación, Valoración y Exportación.

g) En la cesión de uso de un bien mueble o inmueble, el importe de los gastos soportados por el cedente en relación con tales bienes durante el periodo de cesión, siempre que tuvieran la consideración de gastos fiscalmente deducibles de haberse cedido de forma onerosa y sean distintos de tributos y de los intereses de los capitales ajenos y demás gastos de financiación, y estén debidamente contabilizados cuando el cedente esté obligado a llevar contabilidad de acuerdo con el Código de Comercio o legislación equivalente».

2.2. Tributación en los impuestos locales

Según dispone la Ley 49/2002, las entidades sin ánimo de lucro que cumplan los requisitos establecidos en la ley (art. 3), estarán exentas de tributar por los siguientes impuestos locales: del Impuesto sobre Bienes Inmuebles (IBI), los bienes de los que sean titulares, en los términos previstos en la normativa reguladora de las Haciendas Locales, las entidades sin fines lucrativos, excepto los afectos a explotaciones económicas no exentas del IS; del Impuesto sobre Actividades Económicas (IAE), por las explotaciones económicas a que se refiere el art. 7 de la ley; del Impuesto sobre el Incremento de Valor de los Terrenos de Naturaleza Urbana (IIVTNU), los incrementos correspondientes cuando la obligación legal de satisfacer dicho impuesto recaiga sobre una entidad sin fines lucrativos[19].

En concreto, el art. 15 de la Ley 49/2002 dispone acerca de los tributos locales que:

«1. Estarán exentos del Impuesto sobre Bienes Inmuebles los bienes de los que sean titulares, en los términos previstos en la normativa reguladora de las Haciendas Locales, las entidades sin fines lucrativos, excepto los afectos a explotaciones económicas no exentas del Impuesto sobre Sociedades.

2. Las entidades sin fines lucrativos estarán exentas del Impuesto sobre Actividades Económicas por las explotaciones económicas a que se refiere el art. 7 de esta Ley. No obstante, dichas entidades deberán presentar declaración de alta en la matrícula de este impuesto y declaración de baja en caso de cese en la actividad.

3. Estarán exentos del Impuesto sobre el Incremento de Valor de los Terrenos de Naturaleza Urbana los incrementos correspondientes cuando la obligación legal de satisfacer dicho impuesto recaiga sobre una entidad sin fines lucrativos. En el supuesto de transmisiones de terrenos o de constitución o transmisión de derechos reales de goce limitativos del dominio sobre los mismos, efectuadas a título oneroso por una entidad sin fines lucrativos, la exención en el referido impuesto estará condicionada a que tales terrenos cumplan, en

---

[19] Esta cuestión ha sido analizada con rigor por Gómez Álvarez, J.J.: «Exenciones en los impuestos locales de las entidades sin fines lucrativos», en Cordero García, J.A. (dir.): *Estudios sobre la financiación local. En especial, reflexiones sobre la autonomía financiera y sobre los beneficios fiscales*, Valencia, Tirant lo Blanch, 2021, pp. 265-286.

el momento del devengo del impuesto y con independencia del destino al que los adscriba el adquirente, los requisitos establecidos para aplicar la exención en el Impuesto sobre Bienes Inmuebles.

4. La aplicación de las exenciones previstas en este artículo estará condicionada a que las entidades sin fines lucrativos comuniquen al ayuntamiento correspondiente el ejercicio de la opción regulada en el apartado 1 del artículo anterior y al cumplimiento de los requisitos y supuestos relativos al régimen fiscal especial regulado en este Título.

5. Lo dispuesto en este artículo se entenderá sin perjuicio de las exenciones previstas en el texto refundido de la Ley Reguladora de las Haciendas Locales, aprobado por el Real Decreto Legislativo 2/2004, de 5 de marzo».

Para la aplicación de estas exenciones las entidades sin fines lucrativos deben comunicar al ayuntamiento correspondiente su opción por la aplicación del régimen fiscal especial, tal como establece para cada uno de estos impuestos el art. 2 del Real Decreto 1270/2003.

2.3. Tributación en el Impuesto sobre Transmisiones Patrimoniales y Actos Jurídicos Documentados

La Ley 49/2002 establece que están exentas de ITPAJD, entre otros, las entidades sin fines lucrativos a que se refiere art. 2 de la Ley 49/2002 de régimen fiscal de las entidades sin fines lucrativos y de los incentivos fiscales al mecenazgo que se acojan al régimen fiscal especial que regula dicha ley. Esta exención que reconoce el art. 45.1.A, letra *b)* del Real Decreto Legislativo 1/1993, de 24 de septiembre por el que se aprueba el Texto Refundido de la Ley del Impuesto sobre Transmisiones Patrimoniales y Actos Jurídicos Documentados (LITPAJD) están exentos del impuestos «las entidades sin fines lucrativos a que se refiere art. 2 de la Ley 49/2002, de 23 de diciembre, de régimen fiscal de las entidades sin fines lucrativos y de los incentivos fiscales al mecenazgo, que se acojan al régimen fiscal especial en la forma prevista en el art. 14 de dicha Ley». Recordemos también que la exención opera en las tres modalidades del impuesto: transmisiones patrimoniales onerosas, actos jurídicos documentados y operaciones societarias.

2.4. Tributación en el Impuesto del Valor Añadido

En este impuesto se reconoce una exención para las prestaciones de servicios de asistencia social que se relacionan en la Ley 37/1992, de 28 de diciembre, del Impuesto sobre el Valor Añadido (en adelante, LIVA) efectuadas por «establecimientos privados de carácter social», como pueden ser las fundaciones y las asociaciones que sean centros especiales de empleo. Esto se regula en el art. 20.1. 8.ª de la LIVA. En particular, este precepto de la LIVA dispone que estarán exentas de este impuesto una serie de prestaciones de servicios de asistencia social que pueden realizar entidades privadas de carácter social, entre las que destacamos las siguientes: protección de la infancia y de la juventud; asistencia a refugiados y asilados; asistencia a exreclusos; reinserción social y prevención de la delincuencia; y asistencia a alcohólicos y toxicómanos. Las actividades de inserción social que realizan los centros especiales de empleo estarían claramente incluidas en el concepto de asistencia social al que se aplicaría la exención.

Por su parte, el art. 20.3 de la LIVA condiciona la exención al reconocimiento del *carácter social* de la entidad por la Administración Tributaria, para lo que se exige carecer de finalidad lucrativa y reinvertir los eventuales beneficios en la actividad; la gratuidad de los cargos directivos. Todos estos requisitos concurren en las fundaciones y las asociaciones que sean calificadas como centros especiales de empleo, ya que necesariamente son entidades no lucrativas y los cargos de los patronos y miembros de los órganos de gobierno son gratuitos (art. 3.5 de la Ley 49/2002).

A efectos de lo dispuesto en este artículo, el art. 20.3 de la LIVA establece que se considerarán entidades o establecimientos de carácter social aquellos en los que concurran los siguientes requisitos: 1.º Carecer de finalidad lucrativa y dedicar, en su caso, los beneficios eventualmente obtenidos al desarrollo de actividades exentas de idéntica naturaleza.

2.º Los cargos de presidente, patrono o representante legal deberán ser gratuitos y carecer de interés en los resultados económicos de la explotación por sí mismos o a través de persona interpuesta. 3.º Los socios, comuneros o partícipes de las entidades o establecimientos y sus cónyuges o parientes consanguíneos, hasta el segundo grado inclusive, no podrán ser destinatarios principales de las operaciones exentas ni gozar de condiciones especiales en la prestación de los servicios. Este último requisito no se aplica para las prestaciones exentas del art. 20.1. 8.º, tras la modificación del art. 20.3 operada por la Ley 17/2012 de Presupuestos Generales del Estado para el año 2013.

Por su parte, tal como establece el art. 6 del Reglamento LIVA, la calificación como entidad o establecimiento privado de carácter social de la entidad podrá obtenerse mediante solicitud a la Agencia Estatal de Administración Tributaria (AEAT), dirigida a la Delegación o Administración de esta, en cuya circunscripción territorial esté situado su domicilio fiscal. Cabe señalar que el texto de este precepto (que originalmente decía que deberán solicitar el reconocimiento) se cambió en 2013 para adaptarse a la jurisprudencia comunitaria de la época que estableció que no se podría condicionar estas exenciones a su reconocimiento previo, por lo que se aplicarán a las operaciones que cumplan los requisito objetivos y subjetivos regulados en la norma.

Como se ha denunciado[20], esta exención, en realidad, no es un beneficio fiscal para la entidad, ya que le impide deducir el IVA soportado por las compras de bienes o servicios, sino que es un beneficio pensado para las personas con discapacidad a las que van dirigidas los servicios que presta el centro especial de empleo. Por ello, la exención del IVA no supondría ningún beneficio fiscal sino un sobrecoste, por lo que como propuesta de *lege ferenda* sería aconsejable reducir los tipos del gravamen o posibilitar la devolución de las cuotas sopor-

---

[20] Bonet Sánchez, M. P.: «Empresas de inserción: razones para una fiscalidad específica», *CIRIEC-España. Revista jurídica de economía social y cooperativa*, 2010, núm. 21, p. 22.

tadas[21]. Además, las exenciones del IVA al aplicarse normalmente en la última fase de producción o distribución y la no repercusión del impuesto va a implicar que aquellas entidades a las que les sea reconocida se comporten como consumidores finales. Por esta razón, como se ha apuntado[22], habrá ocasiones en que resulte interesante obtener esta exención y en otras no, dado que implicaría una reducción de la renta disponible final de la entidad. La principal ventaja que se percibe de la aplicación de estas exenciones es que el precio final de los servicios que presta el centro especial de empleo puede ser inferior por no estar gravados con el impuesto, lo que puede hacer a estas entidades más competitivas en precios que otras entidades, pero esto, dado al público que se dirige las WISEs, parece de poca importancia.

3. EL RÉGIMEN FISCAL DE LOS CENTROS ESPECIALES DE EMPLEO CON FORMA JURÍDICA DE SOCIEDAD DE CAPITAL, EN GENERAL, Y CON FORMA DE SOCIEDAD LABORAL, EN PARTICULAR

3.1. La fiscalidad de una sociedad de capital calificada como centro especial de empleo

Si el centro especial de empleo adopta la forma de sociedad de capital no se beneficia de ningún trato fiscal especial ni en el impuesto de sociedades ni en ningún otro tipo de impuesto, más allá de que si es calificada como sociedad laboral podrá amortizar libremente determinados activos durante un tiempo (art. 12.3 de la LIS). No obstante, las sociedades de capital podrán beneficiarse del tipo preferente de tributación en el IS por nueva creación (art. 29.1 de la LIS) y, si se da el

---

[21] *Ibid,* p. 30.
[22] MÉNDEZ TERROSO, I.: «Incentivos fiscales de los Centros Especiales de Empleo», *Revista del Ministerio de Trabajo y Asuntos Sociales,* núm. 56, 2005, p. 123.

caso, de los incentivos para entidades de reducida dimensión (arts. 101 y ss. de la LIS).

El tipo general de gravamen de este impuesto será el 25 por 100, excepto para las entidades cuyo importe neto de la cifra de negocios del periodo impositivo inmediato anterior sea inferior a un millón de euros que será el 23 por 100; y las entidades de nueva creación que tributarán, en el primer periodo impositivo en que la base imponible resulte positiva y en el siguiente, al tipo del 15 por 100 (art. 29 de la LIS). Estas sociedades se podrán beneficiar de los incentivos fiscales para las entidades de reducida dimensión que regula la LIS si la cifra de negocios en el periodo impositivo inmediato anterior sea inferior a diez millones de euros (art. 101). Estos incentivos consisten básicamente en la libertad de amortización de elementos nuevos del inmovilizado material y de las inversiones inmobiliarias, afectos a actividades económicas, siempre que, durante los dos años siguientes, la plantilla media total de la empresa se incremente, es decir, se cree empleo, durante un cierto tiempo (art. 102 de la LIS); y una serie de amortizaciones aceleradas de los mismos elementos y del inmovilizado intangible (art. 103 y ss. de la LIS).

También, como es lógico, podrán aplicarse las deducciones sobre la cuota íntegra ajustada al impuesto por creación de empleo para trabajadores con discapacidad[23]. Por ejemplo, las deducciones por desarrollo de software destinado a facilitar el acceso a los servicios de la sociedad de la información a las personas con discapacidad, cuando se realice sin fin de lucro (art. 35.1.a de la LIVA) o deducciones por creación de empleo para trabajadores con discapacidad (art. 38 de la LIS[24]). Respecto a esto último, en concreto el art. 38 LIS establece: la

---

[23] Para profundizar sobre la cuestión: SÁNCHEZ-CERVERA SENRA, J.M. y SÁNCHEZ-CERVERA VALDÉS, J.M.: *Los trabajadores discapacitados: contratación, incentivos, centros especiales de empleo, prestaciones sociales, fiscalidad,* CissPraxis, 2000.

[24] Respecto a esto último, en concreto el art. 38 LIS establece: la deducción de la cuota íntegra la cantidad de 9 000 euros por cada persona/año de incremento del promedio de plantilla de trabajadores contratados con discapacidad en un grado igual o superior al 33 por 100 e inferior al 65 por 100 (discapacidad leve), experimentado durante el periodo impositivo; y la deducción de 12 000 euros por

deducción de la cuota íntegra la cantidad de 9 000 euros por cada persona/año de incremento del promedio de plantilla de trabajadores contratados con discapacidad en un grado igual o superior al 33 por 100 e inferior al 65 por 100 (discapacidad leve), experimentado durante el periodo impositivo; y la deducción de 12 000 euros por cada persona/año de incremento del promedio de plantilla de trabajadores con discapacidad en un grado igual o superior al 65 por 100 (discapacidad grave).

Si el centro especial de empleo es una sociedad de capital normal, se aplica el régimen general contenido en la LITPA-JD en sus distintas modalidades.

3.2. La fiscalidad de una sociedad laboral calificada como centro especial de empleo

3.2.1. *Aproximación al régimen legal de las sociedades laborales*

Si el centro especial de empleo es una sociedad laboral o, dicho más apropiadamente, una sociedad anónima laboral o una sociedad de responsabilidad anónima laboral, aparte de poder aprovecharse, si se dan las circunstancias, de los incentivos fiscales para las entidades de reducida dimensión antes vistos, se le aplicará el régimen fiscal especial para este tipo de entidades. Pero recordemos antes qué son las sociedades laborales.

El fenómeno de la participación de los trabajadores en la empresa ha ido creciendo en importancia en los últimos tiempos, aunque, evidentemente, no es nuevo[25]. Desde la Unión

---

cada persona/año de incremento del promedio de plantilla de trabajadores con discapacidad en un grado igual o superior al 65 por 100 (discapacidad grave).

[25] A este fenómeno se le ha dado el nombre de "capitalismo popular". El término ha sufrido una desnaturalización al pasar a hacer referencia, en muchos casos, a la propiedad de acciones por personas de capacidad económica reducida y no habituales de la posesión de estos títulos y sin relación laboral con la sociedad emisora de las acciones. Por ello Calvo Ortega considera que la similitud hay que buscarla con el "accionariado obrero", figura más concreta y próxima a las sociedades laborales («Las sociedades laborales: problemas actuales y justifi-

Europea, la Recomendación del Consejo, de 27 de julio de 1992 (92/443/CEE), relativa al fomento de la participación de los trabajadores en los beneficios y los resultados de la empresa (incluida la participación en el capital), se invitaba a los Estados miembros a reconocer los posibles beneficios de una utilización más extendida de fórmulas de participación de los trabajadores por cuenta ajena en los beneficios y los resultados de la empresa y se recomendaba garantizar que las estructuras jurídicas permitieran la introducción de las fórmulas de participación[26]. Dentro de esas estructuras jurídicas debía tenerse en cuenta la posibilidad de conceder estímulos, tales como incentivos fiscales u otras ventajas financieras, para fomentar la introducción de determinadas fórmulas de participación.

El Dictamen del Comité Económico y Social Europeo sobre la *Participación financiera de los trabajadores en Europa*[27] iba en esta dirección cuando señalaba que la participación financiera de los trabajadores representa una posibilidad de hacer participar más y mejor a las empresas y a los trabajadores, así como a la sociedad en su conjunto, en el éxito de la creciente europeización de la actividad económica. Además, se considera que la participación financiera de los trabajadores puede constituir uno de los mecanismos para fortalecer la competitividad de las PYMES europeas, ya que aumenta la identificación con ellas y la vinculación de sus trabajadores, objetivo alineado con la estrategia «Europa 2020».

Las sociedades laborales en España, en sintonía con las mencionadas disposiciones europeas, responden al modelo de empresa participada mayoritariamente y son uno de los máximos exponentes de la participación de los trabajadores en las empresas. Sin embargo, no son un modelo muy extendido ni

---

cación científica de una fiscalidad adecuada», *CIRIEC-España, Revista Jurídica de Economía Social y Cooperativa*, núm. 19, 2008, pp. 4-5).

[26] El Informe PEPPER «Fomento de la participación de los trabajadores y los beneficios y en los resultados de la empresa» de 1991 puso los cimientos de la Recomendación de la Comisión Europea de 5 de mayo de 1992, que fue adoptada por el Consejo.

[27] De 21 de octubre de 2010 (2011/C 51/01).

dentro del sector empresarial en general, ni dentro de la economía social. Según datos de CIRIEC, en 2019 había 8 805 sociedades laborales en España, lo que representa el 18,53 por 100 del total de entidades de la economía social[28]. Lo cierto es que los poderes públicos no han creado las condiciones necesarias para el desarrollo de las sociedades laborales. La primera condición para el crecimiento de cualquier tipo social es su conocimiento por los trabajadores, estudiantes y, en su caso, por los operadores jurídicos. Frente a la difusión amplísima de las sociedades privadas y públicas, las laborales son unas grandes desconocidas. La segunda sería que se doten de una financiación adecuada, que no solamente alcance a su constitución sino también a su funcionamiento, sin que normalmente sea suficiente la aplicación de los excedentes sociales. Las sociedades laborales se encuentran con dificultades que inciden negativamente en su desarrollo, como el limitado acceso al mercado de capitales por su tamaño, pequeño y medio, e incluso por su naturaleza[29]. Y la tercera condición necesaria es un régimen tributario adaptado a las necesidades del concreto tipo social, en el que sus características y fines sean tomados en cuenta. Las sociedades laborales realizan un interés general al crear un empleo estable y de calidad. Ello, junto a su especial debilidad en materia de financiación, basada, fundamentalmente, en las aportaciones de los socios, debería ser suficiente para dotarlas de un régimen jurídico de incentivo, sin olvidar el mandato constitucional de fomento de la economía social del art. 129.2 de «facilitar el acceso de los trabajadores a la propiedad de los medios de producción». No obstante, a pesar de la denominación de este capítulo, veremos que no se dota a estas entidades de un verdadero régimen fiscal específico, como sería deseable. Esto es algo que, además, contrasta con el especial tratamiento que se les da

---

[28] CIRIEC-España, *Magnitudes de la Economía Social 2019, CIRIEC-España*, 2019.

[29] En este sentido, la proposición de ley de sociedades laborales realizada por CONFESAL en julio de 2009 proponía incentivar la financiación de las sociedades laborales mediante la dotación de reservas, a través de mecanismos que puedan utilizarse para aumentar la cifra de capital social y mejorando las posibilidades de acceder a financiación externa.

a otras figuras sociales como las cooperativas, aunque este también sea francamente mejorable.

El origen de las sociedades laborales se encuentra en los años sesenta, con la creación del Fondo Nacional de Protección al Trabajo[30], como método de autoempleo colectivo por parte de los trabajadores. Nace un tipo de sociedad a la que se le impone un funcionamiento especial como contrapartida de la concesión de una financiación específica por parte del sector público[31]. Los primeros referentes legales de esta figura están dispersos en normas de distinto rango y con distinto objeto. Así, aparecen en la Disposición Final segunda de la Ley de Cooperativas de 1974, que extiende a las sociedades laborales los beneficios fiscales de las cooperativas[32]. También en las Órdenes Ministeriales del Ministerio de Trabajo y Seguridad Social de 12 de enero de 1979 —que señala, entre otras cuestiones, los requisitos para obtener la calificación de sociedad laboral— y de 25 de enero de 1980. Será la promulgación de la Ley 15/1986, de 25 de abril, de Sociedades Anónimas Laborales, la que racionalice la normativa aplicable a este tipo social, permitiendo dar un cauce jurídico adecuado a estas entidades, mediante la articulación de una serie de medidas tendentes a fomentar esta fórmula de organización económica y de participación de los trabajadores en la empresa de acuerdo con el mandato recogido en el art. 129, 2 de la CE.

---

[30] Creado por la Ley 45/1960, de 21 de julio, por la que se crean determinados Fondos Nacionales para la aplicación social del Impuesto y del ahorro, su fin era, entre otros «conceder auxilios necesarios a aquellos trabajadores que de acuerdo con la legislación vigente cesen en su relación laboral por aplicación de los planes que para una mayor racionalización del trabajo y para el desarrollo y mejoramiento de sus instalaciones, presente en las empresas o sectores completos de una rama industrial y sean aprobados por el gobierno».

[31] SUBERBIOLA GARBIZU, I.: «Régimen tributario de las sociedades laborales. Propuestas de reforma», *GIZAEKOA, Revista Vasca de Economía Social*, núm. 10, 2013, pp. 9 y 10.

[32] Lo hace con el siguiente tenor: «Las sociedades laborales, integradas exclusivamente por trabajadores que sean beneficiarios de préstamos del Fondo Nacional de Protección al Trabajo, gozarán de los beneficios tributarios establecidos para las cooperativas fiscalmente protegidas, en los términos que se fijen por el Gobierno, a propuesta conjunta de los Ministerios de Hacienda y Trabajo, previo informe de la Organización Sindical».

Esta ley parte del modelo de sociedad anónima, pero con unas especialidades de funcionamiento sociolaboral que la hacen acreedora de unos beneficios fiscales cuyos requisitos serán establecidos en el Real Decreto 2696/1986, de 19 de diciembre, sobre tramitación de la concesión de beneficios tributarios a las Sociedades anónimas laborales.

La Ley 4/1997, de 24 de marzo, de Sociedades Laborales —que vino forzada por las modificaciones que la integración de España en la Unión Europea introdujo en el régimen de las sociedades de capital y, posteriormente, por la creación de las Sociedades de Responsabilidad Limitada—, fue un importante avance en la regulación de la sociedad laboral[33] y permitió un gran desarrollo de esta fórmula societaria subrayando el eminente carácter social de las sociedades laborales como empresas de la economía social. El tiempo transcurrido desde la promulgación de la Ley 4/1997 y, sobre todo, las reformas legislativas que, desde entonces, han afectado tanto al sector de las sociedades[34] como a la propia economía social[35], ha-

---

[33] Esta norma y su desarrollo por el Reglamento del Registro de Sociedades Laborales, aprobado por Real Decreto 2114/1998, de 2 de octubre, fueron definidas, en su momento, como un «hito legislativo» en la regulación de estas entidades (Valpuesta Gastaminza, E. M.: *Las Sociedades Laborales, Aspectos Societarios, Laborales y Fiscales*, Pamplona, Aranzadi, 1998).

[34] Las sociedades laborales, aunque pertenecen a la economía social por sus fines y principios orientadores, se consideran sociedades de capital por su forma (art. 1 de la Ley 44/2015). Y entre 1997 y 2015 se promulgaron, entre otras, normas del calado de la Ley 22/2003, de 9 de julio, concursal; la Ley 2/2007, de 15 de marzo, de sociedades profesionales; la Ley 3/2009, de 3 de abril, sobre modificaciones estructurales de las sociedades mercantiles, o el texto refundido de la Ley de Sociedades de Capital, aprobado por el Real Decreto Legislativo 1/2010, de 2 de julio.

[35] En 2011 se aprueba la Ley 5/2011, de 29 de marzo, de Economía Social que, a pesar de sus carencias (señaladas con atino por Calvo Ortega, R.: «Entidades de Economía Social: Razones de una fiscalidad específica», en AA. VV.: *Fiscalidad de las entidades de Economía Social*, Cizur Menor, Thomson–Civitas, 2005, pp. 33-63), contribuyó decisivamente a acotar y visualizar un sector de la realidad social muy importante tanto en términos cuantitativos como, sobre todo, cualitativos, que son los que permiten considerarlo un «polo de utilidad social» (Montesinos Oltra, S.: «La Ley de Economía Social, interés general y regímenes tributarios especiales», *CIRIEC-España, Revista Jurídica de Economía Social y Cooperativa* núm. 23, 2012, p. 3). La ley fija, por primera vez, cuáles son las empresas que forman parte de este sector, entre las que figuran expresamente

cían evidente la necesidad de actualizar su marco normativo, lo que sucedió con la Ley 44/2015, de 14 de octubre, de Sociedades Laborales y Participadas (en adelante, LSLP) con el objetivo de dar un nuevo impulso a las sociedades laborales por su condición de empresas participadas por los socios trabajadores y abiertas a la integración como socios de los demás trabajadores de la empresa[36].

Las sociedades laborales son sociedades anónimas o de responsabilidad limitada (por tanto, mercantiles por la forma y un subtipo de las citadas sociedades de capital) que por cumplir determinados requisitos relativos a la titularidad del capital social por parte de los trabajadores de la empresa han obtenido la calificación administrativa de «Sociedad Laboral» en el Registro de Sociedades Laborales autonómico que le corresponda según su domicilio social, dado que en materia registral se ha producido la transferencia de competencias a las Comunidades Autónomas por parte del Estado, por lo que el registro estatal, dependiente del Ministerio de Trabajo, tiene principalmente funciones de coordinación de los datos de los registros autonómicos. Respecto a su régimen legal, es bastante escueto (arts. 1-17), por lo que deviene fundamental la aplicación subsidiaria de la Ley de Sociedades de Capital, tanto en el proceso de constitución, como en el propio funcionamiento de la sociedad. En la denominación de la sociedad debe añadirse a la de sociedad anónima o sociedad limitada la indicación «Laboral» o su abreviatura correspondiente según proceda (SAL, SRLL, SLL), que se hará constar en toda su documentación comercial y legal. La constancia en el Re-

---

las sociedades laborales (art. 5 de la LES). Pero es que, además, como ha señalado Suberbiola Garbizu, las sociedades laborales recogen los principios orientadores contemplados en el art. 4 de la LES en la medida en que: 1) tienen una gestión autónoma, transparente, democrática y participativa que respeta primacía de las personas que componen su accionariado y el fin social; 2) aplican los resultados obtenidos de la actividad económica al fin social; 3) se rigen por la solidaridad interna y con la sociedad mediante el impulso de la cohesión social, la generación de empleo estable y de calidad y 4) mantienen su independencia respecto de los poderes políticos («Régimen tributario de las sociedades. Propuesta de reforma», *GIZAEKOA, Revista Vasca de Economía Social*, núm. 10, 2013, p. 17).

[36] Y así lo expresa la propia exposición de motivos de la ley.

gistro Mercantil del carácter laboral de una sociedad se hace
mediante nota marginal en la hoja abierta a la sociedad tras
la presentación del certificado de calificación administrativa como tal del Registro administrativo correspondiente. El
capital social está representado por acciones nominativas o
participaciones sociales que se dividen en las de *clase laboral*
que son propiedad de los trabajadores con relación laboral por
tiempo indefinido (y que deben ser mayoría para asegurar el
control de la sociedad por parte de los socios trabajadores de
la empresa); y las de *clase general,* que son las restantes. Las
acciones y participaciones, salvo previsión estatutaria en contra, podrán transmitirse libremente a los socios trabajadores
y trabajadores no socios con contrato por tiempo indefinido,
siempre respetando los comentados límites cuantitativos que
establece la Ley. En los demás supuestos, la Ley establece
un estricto orden de preferencia en su adquisición que hay
que agotar antes de poder transmitirlas libremente a terceros
interesados: trabajadores indefinidos no socios en función de
su antigüedad en la empresa; socios trabajadores, en relación
inversa al número de acciones o participaciones que posean;
socios de la clase general, a prorrata de su participación en el
capital social; la propia sociedad. Estas entidades están obligadas a la constitución de una reserva legal especial dotada
con el 10 por 100 del beneficio líquido de cada ejercicio, hasta
que alcance, al menos, una cifra superior al doble del capital
social, destinadas a la compensación de pérdidas (con lo que
se asemeja al FRO de las cooperativas) y a la adquisición.

La LSLP solamente regula los aspectos que son específicos de las sociedades laborales en cuanto tales, como las
condiciones para que las sociedades puedan obtener la calificación de laboral y puedan mantenerla, así como las peculiaridades por ostentar tal naturaleza. Pero la mayor parte de
su régimen jurídico vendrá dado por otras normas: en cuanto a los aspectos societarios, por el Real Decreto Legislativo 1/2010, de 2 de julio, por el que se aprueba el texto refundido de la Ley de Sociedades de Capital. De hecho, la propia
LSLP dispone que «en lo no previsto en esta ley, se aplicarán
a las sociedades laborales las normas correspondientes a las

sociedades anónimas o de responsabilidad limitada, según la forma que ostenten» (Disposición Final tercera).

La Ley dedica un único artículo, el primero, a regular los elementos que van a determinar la configuración de una sociedad como laboral. Asimismo, contempla los incumplimientos sobrevenidos de estos requisitos y la acomodación, en su caso, de nuevo a las previsiones de la ley, cuando se hayan producido esos incumplimientos. Según este precepto, las sociedades laborales son aquellas sociedades anónimas o de responsabilidad limitada que cumplen los siguientes requisitos para que puedan obtener la calificación *laboral*:

a) Relativo a la titularidad del capital social: la mayoría del capital social debe ser propiedad de trabajadores que presten en ellas servicios retribuidos de forma personal y directa, en virtud de una relación laboral por tiempo indefinido. Esto implica que, como máximo, el 49 por 100 del capital pueden ser acciones o participaciones de carácter general (no laborales).

b) Relativo a la distribución del capital social. Ningún socio podrá ser titular de acciones o participaciones sociales que representen más de la tercera parte del capital social. Esta exigencia busca, por un lado, un equilibrio entre la mayor aportación a la sociedad y, por otro lado, la necesaria formación de la voluntad social con criterios democráticos[37].

La LSLP regula varias situaciones que permiten que un socio pueda ser titular de más de un tercio del capital social de la entidad, que es el límite fijado con carácter general. En concreto hay una de ellas que es de gran interés si la sociedad laboral quiere a su vez ser calificada como centro especial de empleo de iniciativa social. La excepción se refiere a que en caso de que los socios sean «entidades públicas, de participación mayo-

---

[37] Para Calvo Ortega («Sociedades Laborales». *Cuadernos Civitas*. Aranzadi, Cizur Menor, 2013, p. 46), la sociedad laboral, en materia de formación de voluntades, constituye un tipo intermedio entre la sociedad anónima y la sociedad cooperativa de trabajo, en la medida en que se rige por criterios de capital, pero con apertura a criterios democráticos, puesto que ningún socio puede tener más de un tercio del capital social.

ritariamente pública, *entidades no lucrativas* o de *la economía social*, la participación podrá superar dicho límite, sin alcanzar el 50 por 100 del capital social» [art. 1.2, letra *b)*, 2.º párrafo]. Sin embargo, esto colisiona con el mínimo de participación que exige el art. 43.4 de la Ley general de la discapacidad a las personas jurídicas promotoras de los centros de empleo de *iniciativa social.* Así, aunque la excepción de la LSLP sea aplicable a la mayoría de las entidades que promuevan o participen en centros especiales de empleo de iniciativa social (que como exige la ley son entidades sin ánimo de lucro o de la economía social o sociedades mercantiles participadas por estas), el problema es de números o de porcentajes. La LSLP permite en estos casos que un socio llegue como máximo al 49 por 100 del capital social de la sociedad laboral, que además es el límite previsto de acciones o participaciones de carácter general, es decir, que sus titulares no son trabajadores contratados por tiempo indefinido. En cambio, Ley general de la discapacidad exige que las entidades promotoras de los centros especiales de empleo de iniciativa social tengan como mínimo el 50 por 100 del capital social de las sociedades que sea calificadas como tales. Por ello, actualmente, ninguna sociedad laboral puede ser calificada como centro especial de empleo de iniciativa social, lo que no tiene sentido, máxime cuando la propia Ley general de la discapacidad menciona a las entidades de la economía social como una de las que pueden ser promotoras de este tipo de centros especiales de empleo.

La única manera de evitar este dislate, que si como se prevé en un futuro solo los centros especiales de empleo de iniciativa social serán declarados entidades prestadoras de SIEG[38] puede ser muy importante, es modificando la ley. Para ello se debería reformar o bien el art. 1.2, letras *a)* y *b)* de la LSLP y permitir que las entidades promotoras de centros especiales de empleo de iniciativa social puedan tener hasta el 50 por 100 del capital social; o bien reformar el art. 43.4 de la Ley general de la discapacidad.

---

[38] En este sentido se pronuncia la reforma del art. 5 LES que propone el ALIIES.

Respecto a esto último podría reducirse el porcentaje del capital que deben tener las entidades promotoras a los límites máximos establecidos en estos casos, para lo que puede servir de modelo lo previsto en la Ley 27/2002 de Cataluña de medidas legislativas para regular las Empresas de Inserción Sociolaboral que en su art. 4.1, letra *b)*, establece que la participación de una o varias entidades promotoras en las empresas de inserción debe ser, al menos, de un 51 por 100 del capital social en el caso de sociedades mercantiles, pero «en el caso de sociedades laborales, es aplicable la normativa específica reguladora de dicho tipo de sociedades»[39]. Sin embargo, nos parece más lógico simplemente no exigir la existencia de una persona jurídica sin ánimo de lucro o de la economía social que tenga el control societario del centro especial de empleo de iniciativa social cuando este sea una entidad de la economía social, como es una sociedad laboral o una cooperativa. También nos parece una buena fuente de inspiración la regulación de la Ley 27/2002 de Cataluña de medidas legislativas para regular las Empresas de Inserción Sociolaboral, cuando en el mismo artículo antes citado señala que «en el caso de que la empresa de inserción sea una cooperativa que tenga legalmente reconocida la condición de iniciativa social, no es preciso que exista una entidad promotora».

c) Relativo al volumen de trabajo realizado por trabajadores contratados por tiempo indefinido que no sean socios. Se exige que el número de horas-año trabajadas por estos no sea superior al 49 por 100 del cómputo global de horas-año

---

[39] La regulación en este punto de esta norma es mejor que la prevista a nivel estatal por la Ley 44/2007 para la regulación del régimen de las empresas de inserción, que con poco rigor técnico dice en el art. 5, letra *a)*, que «en el caso de sociedades cooperativas y sociedades laborales, dicha participación deberá situarse en los límites máximos recogidos en las diferentes legislaciones que les sea de aplicación a los socios colaboradores o asociados», cuando, como se ha señalado, en las sociedades laborales no hay socios colaboradores o asociados, sino con acciones o participaciones de clase laboral o general (MONTIEL VARGAS, A.: «Las empresas de inserción. Análisis de su régimen jurídico ante una posible reforma de la Ley 44/2007», *REVESCO. Revista de Estudios Cooperativos*, 2024, núm. 147).

trabajadas en la sociedad laboral por el conjunto de los socios trabajadores[40].

Se han señalado, a este respecto, dos problemas[41]. Aunque este mecanismo de limitación del trabajo por parte de trabajadores no socios vinculados con contrato indefinido a la sociedad debería facilitar la conversión de trabajadores en socios, en la práctica, puede desembocar en situaciones de abuso de la contratación temporal, algo contradictorio con la propia naturaleza de estas sociedades. Y, en otras ocasiones, el problema viene dado porque en muchas ocasiones los trabajadores no quieren ser socios, sobre lo que la ley no se pronuncia y que podría originar la descalificación de la sociedad.

En el caso de que una sociedad laboral quiera ser calificada de centro especial de empleo, una cuestión clave es saber cómo se pueden articular los contratos de trabajo con las personas con discapacidad y que esto no afecte a la calificación de sociedad laboral. Una opción, que es la más plausible si lo que se quiere es mantener la temporalidad de los contratos laborales con las personas con discapacidad, es limitar la posibilidad de ser socios a los trabajadores profesionales y técnicos de apoyo o a determinados trabajadores ordinarios, todos ellos contratados por tiempo indefinido, y que ostenten entre todos la mayoría de capital social de la sociedad. En tal caso, las horas de los trabajadores discapacitados por tiempo indefinido a los que se quiere insertar laboralmente no computarían para el cálculo del límite de horas trabajadas que establece el art. 1.2, letra *c)* de la LSLP para los no titulares de acciones o participaciones laborales, que es del 49 por 100. En este sen-

---

[40] No computará para el cálculo de este límite el trabajo realizado por los trabajadores con discapacidad de cualquier clase en grado igual o superior al treinta y tres por ciento. El volumen de horas-año que se recogió en la LSLP, y que es independiente de la dimensión de la sociedad, fue criticado por el Dictamen 6/2015 del Consejo Económico y Social al anteproyecto de ley que entendía que, si bien podría favorecer el funcionamiento de las sociedades laborales, sin embargo, puede entrar en colisión con los principios sustanciales sobre los que se sustentan y, por tanto, afectar al concepto mismo de sociedad laboral (p.10).

[41] Díez Acimas, L.: «Régimen jurídico de las Sociedades Laborales y Participadas (Análisis de la ley 44/2015, de 14 de octubre)», *Deusto Estudios Cooperativos*, núm. 8, 2016, p. 67.

tido, este mismo precepto señala que «no computará para el cálculo de este límite el trabajo realizado por los trabajadores con discapacidad de cualquier clase en grado igual o superior al 33 por 100». La otra opción, si lo que se considera es que los trabajadores discapacitados sean socios laborales, es contratarlos por tiempo indefinido e incorporarlos como socios titulares de acciones o participaciones laborales.

3.2.2. *Los beneficios fiscales de las sociedades laborales y requisitos para su aplicación*

A la hora de analizar la fiscalidad de las sociedades laborales, no debemos perder de vista dos cosas: una es que, como señaló en su día de la Peña Velasco y corroboró el resto de la doctrina, no constituye propiamente un régimen tributario[42]; y dos, que la regulación de beneficios fiscales para este tipo social se justifica por el consabido mandato constitucional que obliga a los poderes públicos a promover la participación de los trabajadores mediante el acceso a la titularidad de los medios de producción. En coherencia con esto, debemos seguir reclamando un régimen fiscal específico que ayude a las sociedades laborales dotándolas de instrumentos que faciliten su financiación y situándolas en igualdad de condiciones respecto a empresas de dimensiones superiores, así como permitiéndoles el cumplimiento de los objetivos que les son propios y que resultan de interés general, esto es, la creación de un empleo estable y de calidad y que la mayoría de los trabajadores sean socios mayoritarios de la entidad.

Dicho esto, las sociedades laborales no tienen una ley fiscal específica como tienen las sociedades cooperativas. El tratamiento fiscal de estas empresas se recoge, en parte, en la propia LSLP, cuyo capítulo II regula los beneficios fiscales, exigiendo tener la calificación de *laboral* de la sociedad como único requisito para acceder a ellos.

---

[42] DE LA PEÑA VELASCO, G.: «Capítulo VII. Régimen tributario de las sociedades laborales», en ALONSO ESPEINOSA, F. J. (dir.): *Régimen jurídico de las sociedades laborales: estudio sistemático de la Ley 4/1997*, Valencia, Tiriant lo Blanch, 1997, p.176.

A lo largo de la regulación de las sociedades laborales en el tiempo, se han ido suprimiendo los requisitos exigidos para acceder a los beneficios fiscales que se regulan para ellas. Primero desapareció de la Ley 4/1997 la limitación temporal de las exenciones y bonificaciones y la solicitud de reconocimiento previo de las mismas por parte de la administración que recogía el Real Decreto 2696/1986, de 19 de diciembre, sobre tramitación de la concesión de beneficios tributarios a las sociedades anónimas laborales. Y en la ley vigente se eliminó la necesidad de destinar al fondo especial de reserva en el ejercicio en que se produzca el hecho imponible el beneficio 25 por 100 de los beneficios líquidos, que estaba en el art. 20.b de la Ley 4/1997. Este requisito, de carácter fiscal, fue criticado por la doctrina. Desde un punto de vista técnico, porque no se puede comprobar el cumplimiento del requisito en un impuesto instantáneo, ya que el ejercicio económico en el que se haya producido el hecho imponible no habrá terminado y en consecuencia no podrá probarse la idoneidad de la dotación [43].

Volviendo al régimen actual, la regulación fiscal contenida en la LSLP es sumamente escasa, puesto que el citado capítulo contiene un solo art., el 17 [44], con el siguiente tenor:

---

[43] Así, de la Hucha Celador que, incluso, propuso superar dicha incongruencia mediante la presentación de un escrito en el que la sociedad se comprometía a aplicar el 25 por 100 del beneficio líquido al FER para que, una vez terminado el ejercicio, la administración pueda comprobar efectiva dotación («Beneficios fiscales de las sociedades laborales» en *Comentario al Régimen Legal de las Sociedades Mercantiles*, tomo xv, Madrid, Civitas, 2000, p. 355). Y, desde un punto de vista finalista, no sirve para lograr uno de los objetivos de la sociedad laboral como entidad de economía social, que es proteger la forma social fomentando su autofinanciación. En definitiva, esta carga que reduce el beneficio del socio y no guarda relación con el escaso beneficio fiscal disfrutado, ni con la función social que tienen las sociedades laborales como creadoras de empleo y vehículos de participación de los trabajadores en la empresa y en su capital. Para Suberbiola Garbizu, parece más bien un mecanismo que evita que los beneficios fiscales aplicados a la sociedad se repartan entre los socios como dividendo («Régimen tributario de las sociedades. Propuesta de reforma», *GIZAEKOA, Revista Vasca de Economía Social*, núm. 10, 2013, p. 29). No obstante, se mantiene la obligación de dotar esta reserva en los términos del art. 14, puesto que, como veremos, el art. 15 de la LSLP regula como causa de descalificación la falta de dotación de esta reserva.

[44] Al menos, en la regulación vigente, la denominación de este capítulo es «Beneficios fiscales», más atinado y menos pretencioso que la del mismo capítulo

«Las sociedades que sean calificadas como laborales gozarán, en el Impuesto sobre Transmisiones Patrimoniales y Actos Jurídicos Documentados, de una bonificación del 99 por 100 de las cuotas que se devenguen por modalidad de transmisiones patrimoniales onerosas, por la adquisición, por cualquier medio admitido en Derecho, de bienes y derechos provenientes de la empresa de la que proceda la mayoría de los socios trabajadores de la sociedad laboral».

No se recoge, por tanto, un tratamiento fiscal integral de esta figura. No se contempla un régimen fiscal de las sociedades laborales en la imposición sobre la renta tanto de la propia entidad como de sus socios personas físicas; tampoco se hace referencia al tratamiento fiscal que debieran tener las transmisiones de acciones o participaciones sociales de una sociedad laboral; no se recogen beneficios fiscales que fomenten la participación de los trabajadores como socios en la sociedad, etc. En definitiva, a la luz de esta regulación, parece difícil que llegue a cumplirse el mandato del art. 129.2 de la CE, al menos en el ámbito fiscal. Pasemos, en cualquier caso, a analizar los requisitos que se exigen en la LSL para que se puedan aplicar los exiguos beneficios fiscales aplicables a las sociedades laborales.

Como hemos adelantado, la LSLP solo exige, como requisito para optar a los beneficios fiscales que pudieran corresponder, que la sociedad tenga la calificación de *laboral*. Esto significa, por un lado, que no basta que se cumplan los requisitos necesarios para encuadrarse dentro de este tipo de sociedades, sino que, además, se requiere de un acto administrativo que aprecie esta circunstancia, que como hemos señalado anteriormente, la calificación la otorgan los registros de

---

de la Ley 4/1997, que era «Régimen Tributario» y que recogía tres artículos (del 19 al 21) que se limitaban a enumerar beneficios en un único impuesto, ITPAJD. Además, ni siquiera todos los artículos tenían carácter tributario, puesto que el art. 21 regulaba el encuadramiento de los socios trabajadores en el sistema de la Seguridad Social. La parte de fiscalidad se complementa con la disposición adicional cuarta, apartado 2 y con la disposición adicional sexta que dejan a salvo los regímenes tributarios forales vigentes en los Territorios Históricos del País Vasco y en la Comunidad Foral de Navarra.

sociedades laborales autonómicos; y, por otro lado, que no podrán optar a ellos las "sociedades participadas" del art. 19 de la LSLP, es decir, las que no alcancen los requisitos establecidos para ser sociedades laborales pero promuevan el acceso a la condición de socios de los trabajadores, así como las distintas formas de participación de los mismos, en particular a través de la representación legal de los trabajadores.

La descalificación, es decir, la pérdida de la condición de laboral, determina la pérdida de los beneficios fiscales. Así lo dispone el art. 15.5, que afirma que «la descalificación como laboral conllevará la pérdida y el reintegro de los beneficios y ayudas públicas, adquiridos como consecuencia de su condición de sociedad laboral desde el momento en el que la sociedad incurra en la causa de descalificación». Para Calvo Vergez, la citada previsión, al contener una referencia genérica a los beneficios tributarios sin concretarlos en ningún impuesto, resulta lo suficientemente amplia como para poder defender su aplicación a cualquier incentivo fiscal, ya sean los contemplados en su ley propia o los dispuestos en las normas tributarias[45].

En la LSPL, se establecen dos causas legales que abocan a la pérdida de la calificación como "sociedad laboral". Una, es la falta de dotación, la dotación insuficiente o la aplicación indebida de la reserva especial (art. 15.1, 2.º LSPL). De acuerdo con lo estipulado en el art. 14, esta reserva especial se dotará con el 10 por 100 del beneficio líquido de cada ejercicio, hasta que alcance al menos una cifra superior al doble del capital social y se podrá destinar, además de compensar pérdidas, a la adquisición de autocartera por parte de la sociedad con el

---

[45] «Sociedades Laborales consideraciones tributarias», en Calvo Ortega, R. (dir.): *Fiscalidad de las entidades de economía social: cooperativas, mutuas, sociedades laborales, fundaciones, asociaciones de utilidad pública, centros especiales de empleo, empresas de inserción social*, Madrid, Civitas, 2005, p. 330. Por su parte, de la Hucha Celador cree que el problema debería resolverse a favor de los intereses de la sociedad laboral, y que esta no puede verse privada de los beneficios contemplados en el IS en aquellos periodos impositivos en los que tuvo la calificación de laboral, aunque la descalificación administrativa se produzca dentro del plazo de prescripción del impuesto («Beneficios fiscales de las sociedades laborales», en AA. VV. *Comentario al régimen legal de las Sociedades Mercantiles*, tomo xv, Madrid, Civitas, 2000).

objeto de facilitar su posterior enajenación por los trabajadores, todo ello en línea con uno de los objetivos principales de la ley, que es la articulación de mecanismos para procurar el acceso de los trabajadores a la condición de socios.

Pero nos interesa más la otra causa legal de pérdida de la calificación que es «la superación de los límites establecidos en el art. 1, sin perjuicio de las excepciones previstas» (art. 15.1, 1.º LSPL). Recordemos que los límites que establece dicho precepto son: que al menos la mayoría del capital social sea propiedad de trabajadores que presten en ellas servicios retribuidos de forma personal y directa, en virtud de una relación laboral por tiempo indefinido [art. 1.2, letra *a)*]; que ninguno de los socios sea titular de acciones o participaciones sociales que representen más de la tercera parte del capital social [art. 1.2, letra *b)*]; y que el número de horas-año trabajadas por los trabajadores contratados por tiempo indefinido que no sean socios no sea superior al 49 por 100 del cómputo global de horas-año trabajadas en la sociedad laboral por el conjunto de los socios trabajadores [art. 1.2, letra *c)*].

Respecto a estos límites, el segundo de ellos es el más conflictivo para las sociedades laborales que tengan pretensión de ser calificadas como centros especiales de empleo en la categoría de iniciativa social, porque aunque, como hemos visto, una de las excepciones que establece la LSPL en cuanto a los límites al porcentaje de capital social que puede tener un socio es cuando «se trate de socios que sean entidades públicas, de participación mayoritariamente pública, entidades no lucrativas o de la economía social», en cuyo caso la participación no puede alcanzar el 50 por 100 del capital social, como el art. 43.4 de la Ley general de la discapacidad exige que los centros especiales de empleo de iniciativa social estén participados mayoritariamente por entidades sin ánimo de lucro o de la economía social, si esto ocurriese la sociedad laboral participada sería descalificada. De nuevo insistimos en la conveniencia de una intervención legislativa para solventar este problema.

Las sociedades laborales están sometidas al régimen general en el IS, en el IVA, en el ITPAJD y a los impuestos y tributos locales, con las excepciones que ahora veremos.

3.2.3. *Tributación en el Impuesto sobre Sociedades*

En lo que concierne al apartado de beneficios fiscales de las sociedades laborales, quizá la ausencia más notoria en la LSLP sea la del IS, que pone de manifiesto que la intención del legislador es someter a este tipo de entidades de la economía social a un régimen fiscal análogo al que se ven sometidos los sujetos pasivos del régimen general del impuesto, lo que no se alinea con los objetivos que debiera cumplir a la luz del art. 129.2 de la CE.

En este impuesto, a las sociedades laborales les es de aplicación la libertad de amortización de los elementos de inmovilizado, material e inmaterial, afectos a la realización de sus actividades, adquiridos durante los cinco primeros años a partir de su fecha de calificación como tales, de acuerdo con lo dispuesto en el art. 12.3 *a)* de la LIS[46]. Entendemos aquí que, puesto que no se indica lo contrario, se aplica a todos los elementos del inmovilizado, nuevos o usados, que estando afectos a la actividad hayan sido adquiridos durante los cinco primeros años (que no ejercicios o periodos impositivos) a partir de la fecha de su calificación. Y, como derecho que es, puede utilizarse como mejor convenga a la sociedad, incluso, después de haber transcurrido los cinco primeros ejercicios desde su calificación siempre que el inmovilizado haya sido adquirido en ese periodo[47]. Es el beneficio fiscal más importante establecido a favor de las sociedades laborales.

En cuanto a la imposición directa de la renta generada por las sociedades laborales, el citado art. 12.3 *a)* de la LIS es el

---

[46] La derogada Ley 43/1995, de 27 de diciembre, del Impuesto sobre Sociedades incorporó este beneficio a su cuerpo normativo en su art. 11.2, letra *a)*, que antes estaba regulado en el art. 20.2 de la Ley 15/1986. Establecía la posibilidad de amortizar los elementos del activo afectos a la actividad adquiridos dentro de los cinco años desde la adquisición de la condición de sociedad laboral.

[47] Así también la Consulta Vinculante de la DGT V0957-08, de 13 de mayo.

único que siquiera las nombra, por lo que su actual configuración adolece de una falta de rigor técnico que se traduce en la ausencia de consideración de sus características específicas como empresa de economía social, y ello no solo dentro de la LSLP, sino también en la LIS[48].

Ahora bien, nada obsta a que se puedan acoger a los beneficios recogidos para las empresas de reducida dimensión, en el Capítulo XI del Título VII de la LIS. De hecho, hoy en día, su fiscalidad es esencialmente la misma de las empresas de reducida dimensión, porque normalmente constituyen una pyme, en el sentido de la definición de esta realizada por la Comisión Europea[49] pero, sobre todo, porque su carácter de sociedad personalista la ubica en el contexto de este tipo de empresas.

No obstante, lo apropiado sería el desarrollo de los aspectos fiscales de la LSLP, de manera que se estableciera un régimen que adaptara las previsiones de la LIS a las sociedades laborales y que incentivara de forma efectiva su constitución, la participación de sus trabajadores en el capital social, y el desarrollo de su actividad económica.

3.2.4. *Tributación en el Impuesto sobre Transmisiones Patrimoniales y Actos Jurídicos Documentados*

Las sociedades que sean calificadas como laborales disfrutarán de una bonificación del 99 por 100 de las cuotas que se devenguen por la adquisición de bienes y derechos provenientes de la empresa de la que proceda la mayoría de los trabajadores de la sociedad laboral, tal y como dispone la propia LSLP en su art. 17[50].

---

[48] Para Calvo Vergez, la regulación contenida en Ley 27/2014 debería de servir «para flexibilizar las condiciones requeridas para constituir sociedades laborales, al objeto de que los trabajadores accedan al estatus de socio y al accionariado de las compañías o para poder modificar las horas de trabajo de los no socios» («En defensa de las sociedades laborales: la Ley 44/2015, de 14 de octubre, de Sociedades Laborales y Participadas, y la creación de un nuevo marco jurídico destinado al fortalecimiento de estas entidades», *Revista Aranzadi Doctrinal*, núm. 5, 2016, p. 83).

[49] Informe de la Comisión PEPPER II (COM (96) 697).

[50] Este beneficio fiscal es el heredero del contenido en la letra B) del art. 19 de la anterior Ley 4/1997 de Sociedades Laborales. El citado artículo contenía

Este beneficio fiscal que, por un lado, concreta a qué concepto de modalidad impositiva se aplica dicha bonificación, la modalidad de transmisiones patrimoniales onerosas y, por otro, amplía el ámbito material de la misma al referirse, además de a la adquisición de bienes también a los derechos provenientes de las empresas de la que proceden la mayoría de los trabajadores, resulta, en la práctica, escasamente operativo puesto que solo surte efecto respecto de los inmuebles que provengan de la empresa de la que procedan la mayoría de los trabajadores y que la operación no esté sujeta a IVA[51]. En efecto, para que el beneficio sea aplicable es necesario que la adquisición de un conjunto de elementos que formen parte del patrimonio empresarial o profesional del sujeto pasivo esté sujeta y no exenta al ITPO. Por consiguiente, para ver el verdadero alcance de su operatividad, debemos analizar los distintos supuestos en los que entra en juego la relación entre el IVA y el ITPAJD[52].

Así, las transmisiones de bienes y derechos que constituyan una unidad económica autónoma capaz de desarrollar una activi-

---

tres apartados más que regulaban otros tantos beneficios en el ITPAJD. La letra A) dejó de resultar necesaria a partir de 2013, con la reforma del art. 45.I.B).11 del texto refundido de la Ley ITPAJD operada del Real Decreto-ley 13/2010, de 3 de diciembre, de actuaciones en el ámbito fiscal, laboral y liberalizadoras para fomentar la inversión y la creación de empleo. Tampoco la bonificación de la letra C) resulta útil, en la medida en que la transformación societaria que se contemplaba en ese supuesto, que era el paso de sociedad anónima laboral a sociedad limitada laboral (o viceversa), está exenta de tributación, tanto en IOS como IAJD. Por último, la bonificación contenida en la letra D) conservaba su operatividad solo para las hipotecas, no para otro tipo de préstamos, exentos de ITPO y no sujetos a IAJD. En todo caso, conservando la bonificación del 99 por 100 en TPO o de la adquisición de bienes y derechos provenientes de la empresa de la que procedía la mayoría de los socios trabajadores de la sociedad laboral, no solo no se mejora el régimen tributario de las sociedades laborales sino que queda «prácticamente vacío de contenido» en la Ley 44/2015 (ALGUACIL MARÍ, M.P.: «La necesaria reforma del tratamiento fiscal de las sociedades laborales», en AA.VV.: *Entidades con valor social: nuevas perspectivas tributarias*, Madrid, IEF, 2015, p. 79).

[51] LOZANO SERRANO, C.: «¿Existen beneficios fiscales para las sociedades laborales? La vacuidad de la Ley 4/1997 en el contexto de la imposición indirecta», *Quincena Fiscal*, núm. 22, 2006, p. 31.

[52] SUBERBIOLA GARBIZU, I.: «Beneficios fiscales de las sociedades laborales en la Ley 44/2015, de 14 de octubre, de Sociedades Laborales y Participadas», *Lex Social*, vol. 7, núm. 2, 2017, pp. 118 y 119.

dad empresarial o profesional por sus propios medios no están sujetas a IVA (*ex* art. 7.1.a de la LIVA). Pero ello no significa su sujeción automática a ITPO, pues el art. 7.5 del texto refundido de la Ley del ITPAJD dispone que las transmisiones y demás operaciones que integran el hecho imponible del ITPO no quedan sujetas al mismo cuando sean realizadas por empresarios o profesionales en el ejercicio de su actividad empresarial y profesional. Es más, se entienden realizadas en el desarrollo de una actividad empresarial o profesional y, por tanto, no sujetas a ITP, las transmisiones o cesiones de uso a terceros de la totalidad o parte de cualesquiera de los bienes o derechos que integren el patrimonio empresarial o profesional de los sujetos pasivos, incluso las efectuadas con ocasión del cese en el ejercicio de las actividades económicas que determinan la sujeción al impuesto (art. 4.2. b de la LIVA).

Según esto, debemos fijarnos en qué elementos se sustancia la adquisición efectuada a la entidad de la que provienen la mayoría de los socios trabajadores. Puesto que la transmisión de «un conjunto de elementos corporales y, en su caso, incorporales que, formando parte del patrimonio empresarial o profesional del sujeto pasivo, constituyan una unidad económica autónoma capaz de desarrollar una actividad empresarial o profesional» no está sujeta al IVA, para que la sociedad laboral pueda eventualmente beneficiarse de la bonificación que contempla el art. 17 de la LSLP, deberemos analizar si la adquisición efectuada se engloba dentro del supuesto contemplado en el art. 7.1 LIVA.

En la práctica solo quedan sometidas al ITPO las entregas de los inmuebles que provengan de la empresa que procedan la mayoría de los trabajadores y este será el único supuesto de aplicación de la bonificación del 99 por 100. Incluso, puede limitarse aún más en el caso de que la empresa transmitente renunciara a la exención del art. 20.2 de la LIVA. En este supuesto, la transmisión quedaría sometida al IVA y a la modalidad gradual del IAJD por la primera copia de la escritura pública a través de la cual se documenta la transmisión, puesto que no se contempla bonificación alguna para esta modalidad del impuesto[53]. Pero que se den todas estas circunstancias

---

[53] *Ibid.*, p. 120.

para el caso de una sociedad laboral que pretenda ser calificada como centro especial de empleo es muy excepcional y seguramente no se ha producido nunca, ni se producirá.

Con relación a la modalidad de operaciones societarias, en aplicación del Real Decreto Ley 13/2010, de 3 de diciembre, de actuaciones en el ámbito fiscal, laboral y liberalizadoras para fomentar la inversión y la creación de empleo, que modificó el del art. 45.I.B).11 del texto refundido de la LITPAJD, estarán exentas la constitución de sociedades, el aumento de capital, las aportaciones que efectúen los socios que no supongan aumento de capital y el traslado a España de la sede de dirección efectiva o del domicilio social. No obstante, como sabemos, esta exención no es específica de las sociedades laborales, sino que está generalizada a todo tipo de entidades, lo que, de partida, no dota a las sociedades laborales de ninguna ventaja fiscal respecto a otras realidades empresariales que nada tienen que ver con la economía social.

3.2.5. *Los beneficios fiscales para los socios de las sociedades laborales*

Las especialidades tributarias de las sociedades laborales se reducen a los dos impuestos a los que nos hemos referido. En la LSLP nada se dice respecto del IRPF, en tanto que sociedades participadas por personas físicas. En la Ley 35/2006, de 28 de noviembre, del Impuesto sobre la Renta de las Personas Físicas y de modificación parcial de las leyes de los Impuestos sobre Sociedades, sobre la Renta de no Residentes y sobre el Patrimonio (en adelante, LIRPF), las menciones a las sociedades laborales se reducen al art. 7 *n)* y al 68.1 [54].

---

[54] Alguacil Marí ha señalado que «esta parca previsión contrasta con la abundancia de sistemas de incentivo de la entrega de acciones y participaciones a los trabajadores, así como de los mecanismos de participación en los resultados de la empresa, que son inexistentes en otros países de nuestro entorno y en particular, en los países de la UE» («La necesaria reforma del tratamiento fiscal de las sociedades laborales», en AA.VV.: *Entidades con valor social: nuevas perspectivas tributarias*, Madrid, IEF, 2015, p. 65).

El primero, declara exenta la prestación por desempleo percibida en la modalidad de pago único, condicionada al mantenimiento de la acción o participación durante el plazo de cinco años. Este beneficio fiscal no es exclusivo de las sociedades laborales, ni siquiera de las entidades de economía social, ya que, también, se aplica a cualquier otra persona que haya capitalizado en la modalidad de pago único el desempleo realizando una aportación al capital social de una entidad mercantil, o que mantenga, durante idéntico plazo, de la actividad en el caso de que se trate de un trabajador autónomo.

El segundo, que ha sido modificado por la Ley 28/2022, de 21 de diciembre, de fomento del Ecosistema de las empresas emergentes (en adelante, LFEEE), establece una deducción del 50 por 100 en la cuota por «inversión en empresa de nueva o reciente creación», aunque con muchos condicionantes, entre otros que la adquisición debe ser en el momento de constitución de la sociedad o en los cinco años siguientes a la misma y el no poder superar, junto con el cónyuge o parientes hasta segundo grado, de participaciones en la misma sociedad que superen el 40 por 100 del capital social[55]. Tampoco es exclusiva de las sociedades laborales, puesto que se extiende a las sociedades anónimas y de responsabilidad limitada y su finalidad es incentivar las inversiones temporales hasta que la empresa pueda autofinanciarse[56].

Aunque no está pensada expresamente para las sociedades laborales, también les resulta de aplicación la exención en

---

[55] Se ha aumentado el porcentaje de deducción del 30 por 100 al 50 por 100 actual y la base de la deducción de 60 000 a 100 000 euros. También se ha incrementado de tres a cinco años el plazo en el que, desde la constitución de la sociedad, hay que realizar la adquisición. Este periodo alcanza los siete años para las empresas emergentes. Para un análisis completo de las novedades introducidas por la LFEEE, véase AGUILAR RUBIO, M. y VARGAS VASSEROT, C.: *Las empresas basadas en el conocimiento universitarias y las empresas emergentes. Régimen jurídico tras la promulgación de la LOSU e incentivos fiscales a la I+D+i*, Madrid, Dykinson, 2024, en prensa, dentro del capítulo dedicado a las «Las empresas emergentes (*start-ups*). Incentivos fiscales y otras medidas de fomento».

[56] Si la finalidad fuera facilitar el acceso de los trabajadores al capital de la empresa, no tendrían sentido los límites al periodo de permanencia en el capital, a la cifra de negocios de la entidad y al porcentaje de participación en la misma que recoge el precepto.

la entrega de acciones o participaciones de la empresa a sus trabajadores, hasta los 12 000 euros anuales, siempre que se realice en las mismas condiciones a todos los trabajadores de la empresa y ninguno de ellos supere por sí solo o con sus familiares un 5 por 100 del capital social [art. 42.3, letra *f)*] de la LIRPF). Regulación que se completa con el art. 43.2 del Real Decreto 439/2007, de 30 de marzo, por el que se aprueba el Reglamento del IRPF, que desarrolla los requisitos que deben reunir estas entregas[57].

En la medida en que las sociedades laborales cuentan con una política retributiva que contribuye a la participación de los trabajadores —justamente, esa es una de las finalidades para las que se regula la reserva especial: para la adquisición de participaciones para el acceso de sus trabajadores a la condición de socios— convenimos con Alguacil Marí que este régimen debería extenderse a las sociedades laborales[58].

4. EL RÉGIMEN FISCAL DE LOS CENTROS ESPECIALES DE EMPLEO CON FORMA JURÍDICA DE SOCIEDAD COOPERATIVA

Si el centro especial de empleo es una cooperativa, del tipo que sea (ordinaria, sin ánimo de lucro, de iniciativa social, de integración social) no tendrá un trato fiscal especial o privilegiado y se le aplicará el régimen fiscal de las cooperativas contendido en la Ley 20/1990, que diferencia entre resultados cooperativos (que tributan al 20 por 100) de los extra-cooperativos (que tributan al tipo general del IS) y entre cooperativas protegidas (que tienen beneficios en el IAE-AJD) y especialmente protegidas (que podrá beneficiarse de

---

[57] A grandes rasgos exige que la oferta se realice en las mismas condiciones para todos los trabajadores de la empresa y contribuya a la participación de estos en la empresa; que cada uno de los trabajadores, juntamente con sus cónyuges o familiares hasta el segundo grado, no tengan una participación, directa o indirecta, en la sociedad en la que prestan sus servicios o en cualquier otra del grupo, superior al 5 por 100 y que los títulos se mantengan, al menos, durante tres años.
[58] «La necesaria reforma del tratamiento fiscal de las sociedades laborales», *Revista del Ministerio de Trabajo y Economía Social*, núm. 153, 2022, p. 274.

la importante reducción del 50 por 100 de la cuota íntegra tributaria). A las WISEs con forma de cooperativas le dedicamos el último capítulo de esta obra, al que nos remitimos para profundizar sobre el régimen fiscal de las cooperativas en general, y para las cooperativas de iniciativa social y sin ánimo de lucro, en particular.

No obstante, apuntamos ahora algunas cuestiones de interés sobre la fiscalidad de las cooperativas que sean calificadas de centros especiales de empleo.

En cualquier caso, podrá beneficiarse de la exención del ITPAJD por los actos, contratos y operaciones siguientes: constitución y ampliación de capital; constitución y cancelación de préstamos[59]; y las adquisiciones de bienes y derechos que se integren en el Fondo de Educación y Promoción para el cumplimiento de sus fines (art. 33.1 de la Ley 20/1990).

Respeto a los impuestos locales, a las cooperativas le será de aplicación el régimen específico contenido en el art. 33.4 de la Ley 20/1990. En concreto, si la cooperativa es calificada de protegida o especialmente protegida, gozará de una bonificación del 95 por 100 de la cuota y, en su caso, de los recargos en el IAE y en IBI de los bienes de naturaleza rústica de las cooperativas agrarias, caso este último sin ningún interés para las empresas de inserción. Y el primero, la bonificación del IAE, prácticamente tampoco, ya que todo tipo de sociedades, incluidas las de capital, pueden beneficiarse de la exención del IAE que establece la LRHL [art. 82.1, letra *c)*], cuando el importe de su cifra de negocios sea inferior a un millón de euros, que es una cifra muy alta para que la consiga una empresa de inserción. Por tanto, los incentivos fiscales en los tributos locales para que una empresa de inserción adopte la forma de cooperativa son prácticamente nulos.

---

[59] Aunque ya hemos aclarado el nulo impacto de esta exención tras la la modificación del art. 45.I.B).11 del texto refundido de la Ley ITPAJD operada Real Decreto-ley 13/2010. Así mismo, el Real Decreto-ley 17/2018, de 8 de noviembre, que modificó el art. 29 del del texto refundido de la Ley ITPAJD, determinó que el sujeto pasivo de AJD en préstamos hipotecarios es el prestamista y no el prestatario (tal y como entendía la jurisprudencia, al interpretar el concepto de "beneficiario").

En lo que al IVA se refiere, las particularidades más importantes en el caso que un centro especial de empleo (tenga la forma jurídica que tenga) es que puede beneficiarse de la exención prevista en el art. 20.1. 8.º de la LIVA, para las entidades o establecimientos privados de carácter social en relación, en concreto, a las prestaciones de «Educación especial y asistencia a personas con minusvalía» [letra *c)*]. La exención comprenderá la prestación de los servicios de alimentación, alojamiento o transporte accesorios de los anteriores prestados por dichos establecimientos o entidades, con medios propios o ajenos.

Aquí, como ocurría con las sociedades laborales, surge un problema importante e ineludible sin una intervención del legislador cuando la cooperativa pretenda ser calificada como centro especial de empleo de iniciativa social. De nuevo, los porcentajes del capital social mínimo que se le exige a las entidades promotoras de este tipo de centros especiales de empleo en el art. 43.4 de la Ley general de la discapacidad («promovidos y participados en más de un 50 por 100, directa o indirectamente, por una o varias entidades»), no es compatible con los porcentajes legales del capital social máximo que pueden ostentar en las cooperativas los socios colaboradores o asociados, que es la tipología de socio a la que pueden aspirar las personas jurídicas que participan en el capital social de las cooperativas pero no desarrollan la actividad cooperativizas típica de la entidad, que si es una cooperativa de trabajo asociado sería prestar trabajo. Aunque los porcentajes de capital social que pueden ostentar los socios colaboradores varías entre las distintas leyes cooperativas, en ningún caso pueden alcanzar el 50 por 100 del que habla la Ley general de la discapacidad que deben tener las entidades promotoras de los centros especiales de empleo de iniciativa social, por lo que hoy por hoy, ninguna cooperativa puede ser un centro especial de empleo de iniciativa social. De nuevo recomendamos modificar la Ley general de la discapacidad en este punto, para, de manera parecida a lo que hace el art. 5, letra *a)* de la Ley 44/2007 al regular la participación de las entidades promotoras en las empresas de inserción, establece que en caso de que estas fueran sociedades cooperativas «dicha participación deberá situarse en los límites máximos recogidos en las diferentes legislaciones que les sea de aplicación a los socios colaboradores o asociados».

Pero, además, como hemos defendido para las sociedades laborales, no tiene sentido exigir la participación mayoritaria de una persona jurídica sin ánimo de lucro o de la economía social del centro especial de empleo de iniciativa social cuando este sea una entidad de la economía social. Por ello proponemos modificar el art. 43.4 de la Ley general de la discapacidad eximiendo de esta obligación cuando el centro especial de empleo sea una cooperativa[60].

Relacionado con lo anterior, pero en el ámbito fiscal, en el caso de que una cooperativa de trabajo asociado calificada como centro especial de empleo, fuera participada por una persona jurídica, en el porcentaje que sea, la cooperativa no podría ser una cooperativa especialmente protegida porque no cumpliría el requisito de asociar solo a personas físicas que impone el art. 8.1 de la Ley 20/1990 como condición para obtener esta calificación fiscal. Abogamos por la modificación del precepto de la ley fiscal en este sentido, bien como la hace la legislación fiscal de cooperativas de los territorios forales del País Vasco que hablan de «asociar principalmente» a personas físicas que presten su trabajo personal en la cooperativa[61], o bien incluyendo un nuevo apartado que establezca una excepción para admitir que en las cooperativas de trabajo asociado pueda haber socios personas jurídicas cuando se trate de cooperativas calificadas de centros especiales de empleo y esto no le haga perder dicha calificación fiscal[62].

---

[60] De nuevo, como hicimos con las sociedades laborales, se podría tomar como base de la reforma la regulación de la Ley 27/2002 de Cataluña de medidas legislativas para regular las Empresas de Inserción Sociolaboral, que en su art. 4.1, letra *b)*, dispone que «en el caso de que la empresa de inserción sea una cooperativa que tenga legalmente reconocida la condición de iniciativa social, no es preciso que exista una entidad promotora».

[61] Art. 5.1 Norma Foral 6/2018 de Bizkaia, art. 6.1 Norma Foral 16/1997 de Álava y art. 6.1 Norma Foral 2/1997 de Gipuzkoa.

[62] De esto se tratará con más detalle en el capítulo final de esta obra al tratar a las cooperativas como WISEs.

CAPÍTULO II

LAS EMPRESAS DE INSERCIÓN

1. CONCEPTO Y REGULACION LEGAL

Las empresas de inserción se caracterizan principalmente porque una gran parte de sus puestos de trabajo son ocupados de manera temporal por personas cuya situación de exclusión social complica o imposibilita su empleabilidad en el mercado laboral ordinario y, mediante esta contratación laboral y la debida tutela y acompañamiento, dichas personas se capacitan laboral y socialmente para incorporase al mercado laboral. Estas son iniciativas que, mediante la actividad empresarial, acompañadas de actuaciones sociales y de inserción social, hacen posible la inclusión sociolaboral de personas excluidas para su posterior colocación en empresas convencionales o en proyectos de autoempleo. Las metodologías que se desarrollan durante un itinerario de inserción, dentro del que se lleva a cabo la actividad laboral en la empresa de inserción, tienen como objetivo potenciar las capacidades de las personas a través de los conocimientos técnicos, habituación sociolaboral y determinación de prioridades adecuadas a sus posibilidades y a las del mercado laboral[1].

Se regulan en España por una ley estatal, la Ley 44/2007, de 13 de diciembre, para la regulación del régimen de las Empresas de Inserción, que se completa con una profusa legislación autonómica, ya que todas las Comunidades Autónomas han dictado normas sobre este tipo de entidades. Centrándonos en las cuatro Comunidades Autónomas donde hay más empresas de inserción en España (que juntas reúnen más del 50 por 100 de las 281que se contabilizaron en 2019[2]), podemos citar las siguientes normas autonómicas: Ley 27/2002, de 20 de diciembre, de medidas legislativas para regular las empresas de inserción sociolaborales en Cataluña; Decreto 32/2003, de 13 de marzo, del Consejo de Gobierno, por el que se regula la colaboración de las empresas de promoción e inserción laboral de personas en situación de exclusión social con la Comunidad de Madrid y se establecen medidas de fomento de su actividad; el Decreto 193/2010, de 20 de abril, por el que se regula la calificación y se crea el Registro de Empresas de Inserción en Andalucía; y Decreto 162/2023, de 31 de octubre, por el que se regula la calificación de empresas de inserción, se establece el procedimiento de acceso a las mismas y su registro del País Vasco.

Hay que señalar, que como se ha denunciado[3], algunas de las leyes autonómicas sobre las empresas de inserción sobrepasan los límites competenciales fijados en la propia ley estatal y por el

---

[1] Para profundizar sobre este tipo de empresa social: CUENCA RUIZ, M. J. *et al.*: «La empresa de inserción como empresa social características y retos fundamentales en España», *Revista del Ministerio de Trabajo y Economía Social,* núm. 157, 2023, pp. 57-78 y MONTIEL VARGAS, A.: «Análisis legal de las empresas de inserción en España», en HENRŸ, H y VARGAS VASSEROT, C. (coords.): *Una visión comparada e internacional del Derecho Cooperativo y de la Economía Social y Solidaria,* Madrid, Dykinson, 2023.

[2] CIRIEC-España, *Magnitudes de la Economía Social 2019, CIRIEC-España,* 2019. Para un estudio de detalle del sector, QUECUTY ESTEBAN, A.: «Empresas de inserción social», *Mediterráneo Económico,* Monográfico sobre La huella del Sector, núm. 37, 2023, pp. 229-247.

[3] MONTIEL VARGAS, A.: «Las empresas de inserción. Análisis de su régimen jurídico ante una posible reforma de la Ley 44/2007», *REVESCO. Revista de Estudios Cooperativos,* 2024, núm. 147.

Tribunal Constitucional (en concreto en la STC 228/2012, dictada a partir del recurso de inconstitucionalidad núm. 2136/2008) que establece que la competencia autonómica en esta materia es solo de ejecución, e incluye la emanación de reglamentos internos de organización de los servicios necesarios y de regulación de la propia competencia funcional de ejecución.

Según el art. 4.1 de la Ley 44/2007, tendrá la consideración de empresa de inserción «aquella sociedad mercantil o sociedad cooperativa legalmente constituida que, debidamente calificada por los organismos autonómicos competentes en la materia, realice cualquier actividad económica de producción de bienes y servicios, cuyo objeto social tenga como fin la integración y formación sociolaboral de personas en situación de exclusión social como tránsito al empleo ordinario». A estos efectos, sigue diciendo la norma, las empresas de inserción «deberán proporcionar a los trabajadores en riesgo de exclusión, como parte de sus itinerarios de inserción, procesos personalizados y asistidos de trabajo remunerado, formación en el puesto de trabajo, habituación laboral y social» y «deberán tener servicios de intervención o acompañamiento para la inserción sociolaboral que faciliten su posterior incorporación al mercado de trabajo ordinario».

Esta definición debe completarse con los requisitos que el art. 5 de la Ley 44/2007 impone a las empresas de inserción, y que, como veremos posteriormente, algunos tienen incidencia en el régimen fiscal aplicable:

Estar promovidas y participadas de manera mayoritaria o relevante por una o varias entidades promotoras sin ánimo de lucro.

Encontrarse inscritas en el Registro correspondiente a su forma jurídica, así como en el Registro Administrativo de Empresas de Inserción de la Comunidad Autónoma.

Mantener en cómputo anual, desde su calificación, un porcentaje de trabajadores en proceso de inserción de, al menos, el 30 por 100 durante los primeros tres años de actividad y de, al menos, el 50 por 100 del total de la plantilla a partir del cuarto año, no pudiendo ser el número de aquellos inferior a dos.

No realizar actividades económicas distintas a las de su objeto social.

Aplicar, al menos, el 80 por 100 de los resultados o excedentes disponibles obtenidos en cada ejercicio a la mejora o ampliación de sus estructuras productivas y de inserción (límite que algunas normas autonómicas elevan hasta el 95 por 100).

Presentar anualmente un Balance Social de la actividad de la empresa que incluya la memoria económica y social, el grado de inserción en el mercado laboral ordinario y la composición de la plantilla, la información sobre las tareas de inserción realizadas y las previsiones para el próximo ejercicio.

Contar con los medios necesarios para cumplir con los compromisos derivados de los itinerarios de inserción sociolaboral.

Respecto a qué personas pueden contratar como trabajadores las empresas de inserción para su inserción sociolaboral, según el art. 2 de la Ley 44/2007 estas deben ser desempleadas y estar inscritas en los correspondientes servicios de empleo (estatal o autonómicos), la situación de exclusión de dichas personas debe ser acreditada por los Servicios Sociales Públicos competentes y deben estar incluidos en algunos de los siguientes colectivos (que, por cierto, varían en algunas normas autonómicas):

Perceptores de Rentas Mínimas de Inserción, o cualquier otra prestación de igual o similar naturaleza, así como los miembros de la unidad de convivencia beneficiarios de ellas.

Personas que no puedan acceder a las prestaciones anteriores por algunas causas concretas.

Jóvenes mayores de dieciocho años y menores de treinta, procedentes de Instituciones de Protección de Menores.

Personas con problemas de drogodependencia u otros trastornos adictivos que se encuentren en proceso de rehabilitación o reinserción social.

Internos de centros penitenciarios cuya situación penitenciaria les permita acceder a un empleo.

Menores internos incluidos en el ámbito de aplicación de la Ley reguladora de la responsabilidad penal de los menores, cuya situación les permita acceder a un empleo, así como los que se encuentran en situación de libertad vigilada y los ex internos.

Personas procedentes de centros de alojamiento alternativo.

Personas procedentes de servicios de prevención e inserción social.

Uno de los requisitos legales que se imponen a las empresas de inserción en la Ley 44/2007 y que siguen, aunque con algunas diferencias, las normas autonómicas en la materia, es la necesidad de que las empresas de inserción tengan unas determinadas formas societarias (sociedades mercantiles o cooperativas) y que estas estén «promovidas» (creadas) o «participadas» mayoritariamente o de manera importante (en el capital social) por una o más entidades promotoras[4], que se caracterizan por ser entidades sin ánimo de lucro[5] (arts. 5, letra *a)* y 6). Por tanto, una de las exigencias importantes para que una entidad sea calificada como empresas de inserción es la existencia de una o varias entidades promotoras sin ánimo de lucro que controlen societariamente a la sociedad que desarrolle la actividad empresarial para la que se contraten a las personas en riesgo de exclusión para su inserción sociolaboral con el objetivo de que la empresa de inserción no se constituya con el objetivo de obtener ganancias y repartir beneficios entre los socios de la misma[6].

---

[4] Art. 5, letra *a)*: «Estar promovidas y participadas por una o varias entidades promotoras a que se refiere el artículo siguiente. Esta participación será al menos de un cincuenta y uno por ciento del capital social para las sociedades mercantiles. En el caso de sociedades cooperativas y sociedades laborales, dicha participación deberá situarse en los límites máximos recogidos en las diferentes legislaciones que les sea de aplicación a los socios colaboradores o asociados».

[5] Art. 6: «Tendrán tal consideración las entidades sin ánimo de lucro, incluidas las de Derecho público, las asociaciones sin fines lucrativos y las fundaciones, cuyo objeto social contemple la inserción social de personas especialmente desfavorecidas, que promuevan la constitución de empresas de inserción, en las que participarán en los términos recogidos en la letra *a)* del artículo anterior».

[6] Sobre las razones de esta peculiar estructura asociativa y los problemas que genera en ocasiones no permitiendo iniciativas de inserción de trabajadores

Según lo que se establece la Ley 44/2007 las entidades promotoras deben «tener la consideración de entidades sin ánimo de lucro», de Derecho público o de Derecho privado y, en concreto menciona expresamente a *las asociaciones sin fines lucrativos* (coletilla esta última que solo sirve para significar que son asociaciones que se rigen por la Ley Orgánica 1/2002 reguladora del Derecho de Asociación) y a las *fundaciones* que en el objeto social contemplen la inserción social de personas especialmente desfavorecidas (art.6). Pero, aparte de las *asociaciones* y *fundaciones* que son el tipo de entidades privadas sin ánimo de lucro que cita la ley, también pueden ocupar la posición jurídica de entidad promotora las *cooperativas sin ánimo de lucro*, de las que trataremos en un epígrafe posterior (disp. adic. 1.ª de la LCOOP y concordantes autonómicos).

Incluso planteamos la posibilidad de que sean entidades promotoras de empresas de inserción las *sociedades de capital sin ánimo lucrativo*, figura que cada vez está más aceptada en nuestro ordenamiento[7]. No obstante, creemos que el término «consideración» utilizado en el art. 6 de la Ley 44/2007 necesariamente va más allá de un siempre reconocimiento en los estatutos sociales de este carácter y exige que se cumplan los requisitos para ser calificada de entidades no lucrativas. Así, aunque tanto las fundaciones como las asociaciones no

---

más simples, MONTIEL VARGAS, A.: «Las empresas de inserción. Análisis de su régimen jurídico ante una posible reforma de la Ley 44/2007», *REVESCO. Revista de Estudios Cooperativos*, 2024, núm. 147.

[7] Admitiendo la existencia de sociedades de capital sin ánimo de lucro se han pronunciado varias resoluciones de la dirección general de seguridad jurídica y fe pública, siendo una de las más reciente la de 17 de diciembre de 2020, en el recurso interpuesto contra la negativa del Registrador Mercantil de León a inscribir una escritura de modificación de los estatutos de una sociedad. En esta misma línea las RRDGRN de 20 de enero de 2015 y de 11 de abril de 2016, frente a la tesis tradicional de negar esta posibilidad por considerarse el lucro implícito en el carácter mercantil de estas sociedades (RRDFRN de 2 de febrero de 1966 y de 22 de noviembre de 1991). Un acertado comentario a la resolución citada al inicio de esta nota y al estado de la cuestión en el ámbito del Derecho de sociedades española lo realiza FERNÁNDEZ DEL POZO, L.: «Acerca de la doctrina sobre la irrelevancia causal del ánimo de lucro en el contrato de sociedad de capital», en el blog *Almacén de Derecho*, entrada el 24/1/2021. *https://almacendederecho.org/sociedades-de-capital-sin-animo-de-lucro*.

tienen *per se* ánimo lucrativo (art. 2.1 de la Ley 50/2002 de Fundaciones y art. 1.2 de la Ley Orgánica 1/2002 reguladora del Derecho de Asociación), para ser consideradas entidades sin ánimo de lucro deberían cumplir con los requisitos que establece el art. 3 de la Ley 49/2002. Del mismo modo, no basta para una cooperativa reconocer en sus estatutos que no tienen ánimo de lucro para poder ser reconocida como entidades sin ánimo de lucro y poder ser entidad promotora de empresas de inserción, sino que deberá cumplir con las condiciones que la legislación cooperativa exige para este reconocimiento (disp. adic. 1.ª de la LCOOP, art. 144 del Decreto Legislativo 2/2015 que aprueba el texto refundido de la Ley de Cooperativas de la Comunidad Valenciana, etc.). Las dudas surgen si la sociedad de capital cumple con todas estas condiciones que se le exigen a las demás entidades para ser entidades sin ánimo de lucro y si, en tal caso, por analogía debería poder ser una entidad promotora. Por ahora parece que esto no ha pasado.

Con los datos publicados en 2022 por la Federación Española de Empresas de Inserción, la mayoría de las entidades promotoras son asociaciones y fundaciones, que alcanzan entre ambas figuras un 70 por 100 (34 por 100, asociaciones, muchas de ellas ONG y un 33 por 100 fundaciones), siendo las cooperativas el tercer tipo asociativo que tienen más entidades promotoras (16 por 100)[8].

Por su parte, las empresas de inserción deben ser, según establece la Ley 44/2007, o *sociedades mercantiles* o *sociedades cooperativas* [art. 5, letra *a)*]. Respecto a las primeras, hay que señalar que en la práctica la mayoría de las empresas de inserción se constituyen como sociedades de responsabilidad limitada, siendo pocas las empresas de inserción que son sociedades anónimas ya que esta es una estructura jurídica pensada para grandes empresas y no hay ninguna sociedad colectiva ni comanditaria, ya que estas son sociedades mercantiles personalistas en las que los socios responden ilimitadamente de las deudas sociales. En el caso de que la empresa de inserción sea una sociedad limitada o anónima, la entidad

---

[8] FAEDEI, *Informe anual de Empresas de Inserción*, 2022.

o entidades promotoras deben ser titulares de, al menos, el 51 por 100 del capital social.

La propia Ley 44/2007 reconoce en varios momentos la posibilidad de que las empresas de inserción sean sociedades laborales (exposición de motivos, art. 5.a *in fine* y disposición adicional 2.ª), es decir, sociedades anónimas en las que la mayoría del capital social lo ostentan trabajadores con una relación laboral por tiempo indefinido que se regulan por la Ley 44/2015 de Sociedades Laborales y Participadas y, en lo demás, por la Ley de Sociedades de Capital. Cabe señalar que la Ley 44/2007, a diferencia de lo que hace alguna norma autonómica, se equivoca al decir que la participación de la entidad promotora en estas sociedades debe ser hasta el límite establecido para los socios colaboradores o asociados [art. 5, letra *a) in fine*], porque estos son tipos de socios que puede haber en las cooperativas, pero no en las sociedades laborales. Por ello, la entidad promotora que participe o promueva una sociedad laboral deberá poder tener como mínimo el máximo de acciones o participaciones *generales* que pueda ostentar, que, como son entidades no lucrativas, será hasta el 49 por 100 del capital social [art. 1.2, letra *b)* LSLP].

También la Ley 44/2007 reconoce la posibilidad de que la empresa de inserción sea una sociedad cooperativa, caso en el que encajan perfectamente las cooperativas de iniciativa social y las cooperativas de integración social de las que trataremos en un capítulo posterior. En tal caso será de aplicación la ley de cooperativa autonómica que corresponda y en la que se regulará el máximo del capital social que podrá ser titular la entidad promotora, que será el que rija para los socios colaboradores o asociados. Recordamos de nuevo que el término *socio colaborador* engloba a toda clase de socio que no participe en la actividad cooperativizada, pero que colabora con la consecución del objeto social (art. 14, 1.º de la LCOOP), por ejemplo, aportando capital o desarrollando algún tipo de actividad complementaria. En algunas leyes autonómicas a estos socios se les denomina asociados, como ocurre en la ley de cooperativas de la Comunidad Valenciana y se hacía en la anterior ley de cooperativas estatal, pero es un término que actualmente apenas se utiliza. Según la LCOOP las aportaciones realizadas por los socios colaboradores, en ningún caso, podrán exceder del 45 por 100 del total de las aportaciones al capital social. Este porcentaje varía en algunas leyes autonómicas (por ejemplo, en Andalucía se fija hasta el 20 por 100) y en la mayoría de ellas no se fija capital social máximo sino un porcentaje máximo de votos en la asamblea general.

De nuevo defendemos para el fomento de empresas de inserción con forma de cooperativas una reforma de la Ley 44/2007 que adopte el contenido del art. 4.1, letra *b)* de la Ley 27/2002 de Cataluña de medidas legislativas para regular las Empresas de Inserción Sociolaboral, que tras imponer con carácter general que estas deben estar promovidas y participadas por una o varias entidades promotoras, dispone que «en el caso de que la empresa de inserción sea una cooperativa que tenga legalmente reconocida la condición de iniciativa social, no es preciso que exista una entidad promotora»[9].

Según los datos facilitados por FAEDEI en 2022[10], la mayoría de las empresas de inserción tienen la forma de sociedad limitada (85 por 100), siendo muy escasas las que son cooperativas (8,7 por 100) y menos todavía las que son sociedades laborales (4,6 por 100), lo que en mi opinión significa un fracaso del legislador que no ha sabido incentivar que sean entidades de la economía social las que, a su vez, sean calificadas como empresas de inserción.

Las empresas de inserción no tienen un régimen fiscal o tributario específico y en la Ley 44/2007 no hay ni una sola norma que haga referencia a beneficios fiscales o a un trato especial en algún tipo de impuesto ni siquiera en el capítulo (arts. 16 y 17) dedicado a las «Medidas de promoción» de este tipo de entidades, que se centran en las posibles ayudas que pueden recibir (bonificaciones a las cuotas de la Seguridad Social en los con-

---

[9] Como apunta Montiel Vargas, A.: «Las empresas de inserción. Análisis de su régimen jurídico ante una posible reforma de la Ley 44/2007», *REVESCO. Revista de Estudios Cooperativos,* 2024, núm. 147.

[10] FAEDEI: *Informe anual de Empresas de Inserción,* 2022.

tratos de trabajo de las personas a insertar, subvenciones para el mantenimiento de los puestos de trabajo para la inserción sociolaboral, en concepto de compensación económica a los sobrecostes laborales derivados de los procesos de inserción, ayudas a la inversión fija afecta a la realización de su objeto social, etc.). No obstante, consideramos que un trato fiscal privilegiado respecto a otras entidades encaja perfectamente en el mandato que contiene el art. 16.1 de la Ley 44/2007 cuando dice que «los poderes públicos, en el ámbito de sus respectivas competencias y en el marco de los compromisos asumidos en la Unión Europea, actuarán en orden a la promoción de las empresas de inserción, mediante el apoyo a la creación y mantenimiento de las mismas, en atención a que puedan cumplir su función social de facilitar la inserción de las personas en situación de exclusión en el mercado de trabajo ordinario». Esta falta de incentivos fiscales a las empresas de inserción ha sido muy criticada por la doctrina y con razón, abogándose con distintas medidas para una discriminación fiscal positiva por la importante labor social que desarrollan[11].

Por otra parte, la comentada existencia de una estructura jurídica compuesta por una o varias entidades promotoras y una sociedad mercantil que es la titular de la empresa que contrata a las personas en riesgo de exclusión, hace que sea necesario distinguir el análisis de la tributación en cada uno de los impuestos relevantes (IS, ITPAJD, IVA e impuestos locales) de las entidades promotoras, de un lado, y de las empresas de inserción propiamente dichas, de otro[12]. Para no ser repetitivos

---

[11] Por todos, Bonet Sánchez, M. P.: «Empresas de inserción: razones para una fiscalidad específica», *CIRIEC-España. Revista Jurídica de Economía Social y Cooperativa*, núm. 21, 2010, pp. 30 y s.; y Alguacil Marí, M. P., «La tributación de las empresas de inserción», *Revista del Ministerio de Trabajo y Economía Social*, núm. 150, 2021, pp. 58 y s.

[12] En cambio, antes de la promulgación de la Ley 44/2007, algunas normas autonómicas (como el Decreto 305/2000 del País Vasco), no exigían la concurrencia de una entidad promotora y podía calificarse de empresas de inserción tanto las sociedades mercantiles o de economía social como las fundaciones y asociaciones, por lo que no se hacía necesaria esta distinción para el tratamiento fiscal de ambas figuras, como hizo Calvo Vérgez, J.: «Empresas de inserción social: delimitación jurídica y aspectos tributario», en Calvo Ortega, R. (Dir.): *Fiscalidad de las Entidades de Economía social*, Thompson–Civitas, 2005, pp. 553 y ss.

con otras partes de este estudio, cuando la entidad promotora o la empresa de inserción tenga la forma jurídica de una entidad de la economía social tratada en este estudio, haremos la debida remisión. Así, cuando la entidad promotora sea una cooperativa sin ánimo de lucro nos remitiremos al capítulo final de esta obra que trata de la tributación de las cooperativas y, en especial, al epígrafe penúltimo del presente capítulo, que aborda el régimen fiscal de las cooperativas sin ánimo de lucro que, como veremos, no tienen ninguna especialidad respecto al régimen fiscal general, excepto en el País Vasco. Lo mismo haremos, cuando la empresa de inserción propiamente dicha tenga la forma jurídica de cooperativa de iniciativa social o de integración social, que también será tratado su régimen tributario en dicho capítulo. Cuando la empresa de inserción, en cambio, sea una sociedad laboral, la remisión la hacemos al capítulo primero, cuando hemos tratado a los centros especiales de empleo con forma jurídica de sociedad laboral. En cambio, al tratar la posibilidad, muy típica por otra parte, de que la entidad promotora sea una asociación o una fundación, nos remitimos al mismo capítulo primero donde hemos abordado el régimen fiscal de estas entidades al tratar de su fiscalidad cuando eran declaradas centros especiales de empleo.

2. LA FISCALIDAD DE LA ENTIDADES PROMOTORAS

Como hemos visto, las entidades promotoras de las empresas de inserción necesariamente deben tener la consideración las entidades sin ánimo de lucro, sean de Derecho público o privado. Centrándonos en las segundas, en particular pueden ser asociaciones, fundaciones o cooperativas sin ánimo de lucro, cuyo objeto social contemple la inserción social de personas especialmente desfavorecidas.

Para el régimen fiscal de estas últimas en los primeras, fundaciones y asociaciones, nos remitimos a lo dicho en el capítulo anterior cuando abordamos la posibilidad de que ambos tipos de entidades fueran calificadas como centros especiales de empleo, siendo la principal consecuencia fiscal la aplicación de la Ley 49/2002 de régimen fiscal de las entidades sin fines lucrativos y de los incentivos fiscales al mecenazgo, por la que estarían exentas de tributar por el IS y por otros impuestos si cumplen los requisitos de ser una entidad sin ánimo de lucro que establece el art. 3 de esa norma, que por su interés vamos a trascribir:

1.º Que persigan fines de interés general, como pueden ser, entre otros, los de defensa de los derechos humanos, de las víctimas del terrorismo y actos violentos, los de asistencia social e inclusión social, cívicos, educativos, culturales, científicos, deportivos, sanitarios, laborales, de fortalecimiento institucional, de cooperación para el desarrollo, de promoción del voluntariado, de promoción de la acción social, de defensa del medio ambiente, de defensa de los animales, de promoción y atención a las personas en riesgo de exclusión por razones físicas, económicas o culturales, de promoción de los valores constitucionales y defensa de los principios democráticos, de fomento de la tolerancia, de fomento de la economía social, de desarrollo de la sociedad de la información, de investigación científica, desarrollo o innovación tecnológica y de transferencia de la misma hacia el tejido productivo como elemento impulsor de la productividad y competitividad empresarial.

2.º Que destinen, directa o indirectamente, a la realización de dichos fines al menos el 70 por 100 de las siguientes rentas e ingresos:

a) Las rentas de las explotaciones económicas que desarrollen.

b) Las rentas derivadas de la transmisión de bienes o derechos de su titularidad. En el cálculo de estas rentas no se incluirán las obtenidas en la transmisión onerosa de bienes inmuebles en los que la entidad desarrolle la actividad propia de su objeto o finalidad específica, siempre que el importe de la citada transmisión se reinvierta en bienes y derechos en los que concurra dicha circunstancia.

c) Los ingresos que obtengan por cualquier otro concepto, deducidos los gastos realizados para la obtención de tales ingresos. Los gastos realizados para la obtención de tales ingresos podrán estar integrados, en su caso, por la parte proporcional de los gastos por servicios exteriores, de los gastos de personal, de otros gastos de gestión, de los gastos financieros y de los tributos, en cuanto que contribuyan a la obtención de los ingresos, excluyendo de este cálculo los gastos realizados para el cumplimiento de los fines estatutarios o del objeto de la entidad sin fines lucrativos. En el cálculo de los ingresos no se incluirán las aportaciones o donaciones recibidas en concepto de dotación patrimonial en el momento de su constitución o en un momento posterior. Las entidades sin fines lucrativos deberán destinar el resto de las rentas e ingresos a incrementar la dotación patrimonial o las reservas.

3.º Que la actividad realizada no consista en el desarrollo de explotaciones económicas ajenas a su objeto o finalidad estatutaria. Se entenderá cumplido este requisito si el importe neto de la cifra de negocios del ejercicio correspondiente al conjunto de las explotaciones económicas no exentas ajenas a su objeto o finalidad estatutaria no excede del 40 por 100 de los ingresos totales de la entidad, siempre que el desarrollo de estas explotaciones económicas no exentas no vulnere las normas reguladoras de defensa de la competencia en relación con empresas que realicen la misma actividad. A efectos de esta Ley, se considera que las entidades sin fines lucrativos desarrollan una explotación económica cuando realicen la ordenación por cuenta propia de medios de producción y de recursos humanos, o de uno de ambos, con la finalidad de intervenir en la producción o distribución de bienes o servicios. El arrendamiento u otras formas de cesión de uso del patrimonio inmobiliario de la entidad no constituye, a estos efectos, explotación económica.

4.º Que los fundadores, asociados, patronos, representantes estatutarios, miembros de los órganos de gobierno y los cónyuges o parientes hasta el cuarto grado inclusive de cualquiera de ellos no sean los destinatarios principales de las actividades que se realicen por las entidades, ni se beneficien de condiciones especiales para utilizar sus servicios. Lo dispuesto en el párrafo anterior no se aplicará a las actividades de investigación científica y desarrollo tecnológico, ni a las actividades de asistencia social o deportivas a que se refiere el art. 20, apartado uno, en sus números 8.º y 13.º, respectivamente, de la LIVA. Esta condición no le sería de aplicación a la entidad promotora con forma de fundación o asociación de interés público si se considera que prestan servicios sociales de asistencia social a minusválidos, a los que se refiere el art. 20.1.8 de la LIVA.

5.º Que los cargos de patrono, representante estatutario y miembro del órgano de gobierno sean gratuitos, sin perjuicio del derecho a ser reembolsados de los gastos debidamente justificados que el desempeño de su función les ocasione, sin que las cantidades percibidas por este concepto puedan exceder de los límites previstos en la normativa del Impuesto sobre la Renta de las Personas Físicas para ser consideradas dietas exceptuadas de gravamen.

6.º Que, en caso de disolución, su patrimonio se destine en su totalidad a alguna de las entidades consideradas como entidades beneficiarias del mecenazgo a los efectos previstos en los arts. 16 a 25, ambos inclusive, de esta Ley, o a entidades públicas de naturaleza no fundacional que persigan fines de interés general, y esta circunstancia esté expresamente contemplada en el negocio fundacional o en los estatutos de la entidad disuelta, siendo aplicable a dichas entidades sin fines lucrativos lo dispuesto en la Ley del Impuesto sobre Sociedades.

En ningún caso tendrán la condición de entidades sin fines lucrativos, a efectos de esta Ley, aquellas entidades cuyo régimen jurídico permita, en los supuestos de extinción, la reversión de su patrimonio al aportante de este o a sus herederos o legatarios, salvo que la reversión esté prevista en favor de alguna entidad beneficiaria del mecenazgo.

7.º Que estén inscritas en el registro correspondiente.

8.º Que cumplan las obligaciones contables previstas en las normas por las que se rigen o, en su defecto, en el Código de Comercio y disposiciones complementarias.

9.º Que cumplan las obligaciones de rendición de cuentas que establezca su legislación específica. En ausencia de previsión legal específica, deberán rendir cuentas antes de transcurridos seis meses desde el cierre de su ejercicio ante el organismo público encargado del registro correspondiente.

10.º Que elaboren anualmente una memoria económica en la que se especifiquen los ingresos y gastos del ejercicio, de manera que puedan identificarse por categorías y por proyectos, así como el porcentaje de participación que mantengan en entidades mercantiles. Las entidades que estén obligadas en virtud de la normativa contable que les sea de aplicación a la elaboración anual de una memoria deberán incluir en dicha memoria la información a que se refiere este número.

En el caso de que la entidad promotora sea una cooperativa sin ánimo de lucro, remitimos al último capítulo de esta obra, donde abordamos con detalle su régimen fiscal adelantado. No obstante, a excepción en los territorios forales del País Vasco, en el resto de España la carencia del lucro de la cooperativa no tiene efectos fiscales y se le aplica el régimen general contenido en la Ley 29/1990.

3. LA FISCALIDAD DE LAS SOCIEDADES CALIFICADAS COMO EMPRESAS DE INSERCIÓN

Como ya sabemos, las empresas de inserción deben tener la forma jurídica de sociedades mercantiles o sociedades cooperativas (art. 4 Ley 44/2007), siendo en el primer caso lo habitual que sean sociedades de capital, en concreto sociedades de responsabilidad limitada que es la forma más comúnmente utilizada (aproximadamente 85 por 100 según datos de FADEI de 2022). También es posible, aunque no es lo habitual, que la empresa de inserción se constituya como una sociedad de capital y, al mismo tiempo o después, se califique de sociedad laboral (aproximadamente un 5 por 100). Por último, también es posible que la empresa de inserción tenga la forma jurídica de cooperativa, aunque tampoco es lo común (aproximadamente un 9 por 100).

Evidentemente, según sea la forma jurídica adoptada el tratamiento fiscal puede ser diferente para algunos impuestos y tributos, aunque no para otros, como es el caso del IVA, que es el impuesto que vamos a tratar por este motivo en primer lugar.

3.1. Tributación en el Impuesto de Sociedades

En el análisis de este impuesto, como vimos cuando tratamos de los centros especiales de empleo con forma de sociedad en el capítulo anterior, sí que puede ser muy relevante la forma jurídico-societaria adoptada por la empresa de inserción. Si es una sociedad de capital, independientemente de si es una sociedad anónima o una sociedad de responsabilidad limita, que es lo absolutamente normal, e independientemente de si es o no una sociedad laboral, no hay un régimen especial en el IS. Por tanto, el tipo general de gravamen de este impuesto será el 25 por 100, excepto para las entidades cuyo importe neto de la cifra de negocios del periodo impositivo inmediato anterior sea inferior a un millón de euros que será el 23 por 100; y las entidades de nueva creación que tributarán, en el primer periodo impositivo en que la base imponible resulte positiva y en el siguiente, al tipo del 15 por 100 (art. 29 de la LIS). Estas sociedades podrán beneficiar de los incentivos fiscales para las entidades de reducida dimensión que regula la LIS si la cifra de negocios en el periodo impositivo inmediato anterior sea inferior a diez millones de euros (art. 101). Estos incentivos consisten básicamente en la libertad de amortización de elementos nuevos del inmovilizado material y de las inversiones inmobiliarias, afectos a actividades económicas, siempre que, durante los dos años siguientes la plantilla media total de la empresa se incremente, es decir, se cree empleo, durante un cierto tiempo (art. 102 de la LIS); y una serie de amortizaciones aceleradas de los mismos elementos y del inmovilizado intangible (art. 103 y ss. de la LIS).

Si la empresa de inserción es una sociedad laboral, como también vimos en el capítulo anterior, aparte de poder aprovecharse, si se dan las circunstancias, de los incentivos fiscales para las entidades de reducida dimensión antes visto, solo tiene un beneficio fiscal diseñado especialmente para las sociedades laborales en el IS: libertad de amortización de elementos del inmovilizado material, intangible e inversiones inmobiliarias afectos a la realización de sus actividades, adquiridos durante los cinco primeros años a partir de la fecha de su calificación como tales (art. 12.3 de la LIS).

Un problema fiscal grave que genera la participación de la entidad promotora en el capital social de la empresa de inserción (que es algo que obliga la Ley 44/2007), es que en el caso de que esta sea una cooperativa de trabajo asociado –que es la forma típica y natural de las cooperativas de iniciativa social— no podría ser calificada como cooperativa especialmente protegida a efectos fiscales, porque incumpliría el requisito de asociar solo a personas físicas que parece deducirse del tenor del art. 8.1 de Ley 20/1990 [13]. Para evitar esto, sería recomendable modificar el art. 8.1 de la Ley 20/1990 haciendo una alusión expresa a la excepción cuando la cooperativa sea calificada como empresa de inserción, como propusimos *supra* para los centros especiales de empleo [14].

Y dado que las cooperativas de iniciativa social y de integración social, aunque cumplan los requisitos para ser calificadas de cooperativas no lucrativas, excepto en el País Vasco, no se pueden beneficiar de los incentivos fiscales de las entidades sin fines lucrativos, nos encontramos con la criticable

---

[13] Art. 8: «Se considerarán especialmente protegidas las Cooperativas de Trabajo Asociado que cumplan los siguientes requisitos 1. Que asocien a personas físicas que presten su trabajo personal en la cooperativa para producir en común bienes y servicios para terceros [...]».

[14] En este sentido, ALGUACIL MARÍ, M. P., «La tributación de las empresas de inserción», *Revista del Ministerio de Trabajo y Economía Social*, núm. 150, 2021, p. 61, propone añadir al art. 8.1 de la Ley 20/1990 en el siguiente texto: «En el caso de las cooperativas que estén calificadas como empresas de inserción, de acuerdo con el art. 7 de la Ley 44/2007, de 13 de diciembre, podrán ser también socios las Entidades promotoras contempladas en el art. 6 de la citada ley». Sobre esta cuestión volveremos a tratar y con más detenimiento en el siguiente capítulo de la obra al tratar el régimen fiscal de las cooperativas de iniciativa social y de integración social.

falta de beneficios fiscales en el IS para que las empresas de inserción adopten la forma de cooperativa. Se aboga por una reforma de la legislación fiscal que permita beneficiarse de dicho régimen y de la propia Ley 44/2007 que haga innecesaria la participación en el capital social de una empresa de inserción que sea, a su vez, una cooperativa sin ánimo de lucro o, al menos, que esta participación no tenga consecuencias para la calificación fiscal de cooperativas especialmente protegida.

3.2. Tributación en los impuestos locales

Menos para las empresas de inserción con forma de cooperativas, no existe, con carácter general, ningún beneficio fiscal en los impuestos locales ni para las sociedades de capital, ni para las sociedades laborales, en particular. Sí le será de aplicación el régimen específico contenido en el art. 33.4 de la Ley 20/1990. En concreto, si la cooperativa es calificada de protegida o especialmente protegida, gozará de una bonificación del 95 por 100 de la cuota y, en su caso, de los recargos en el IAE y en IBI de los bienes de naturaleza rústica de las cooperativas agrarias, caso este último sin ningún interés para las empresas de inserción. Y el primero, la bonificación del IAE, prácticamente tampoco, ya que todo tipo de sociedades, incluidas las de capital, pueden beneficiarse de la exención del IAE que establece la LRHL [art. 82.1, letra *c)*], cuando el importe de su cifra de negocios sea inferior a un millón de euros, que es una cifra muy alta para que la consiga una empresa de inserción. Por tanto, los incentivos fiscales en los tributos locales para que una empresa de inserción adopte la forma de cooperativa son prácticamente nulos.

3.3. Tributación en el Impuesto de Transmisiones Patrimoniales y Actos Jurídicos Documentados

Si la empresa de inserción es una sociedad de capital normal, se aplica el régimen general contenido en la LITPAJD en sus distintas modalidades. Para este impuesto las sociedades laborales tienen reconocido en su ley reguladora un tratamiento especial con una bonificación del 99 por 100 de las cuotas que se devenguen por modalidad de transmisiones patrimoniales onerosas para un caso muy determinado: la adquisición de bienes y derechos provenientes de la empresa de la que proceda la mayoría de los socios trabajadores de la sociedad laboral (art. 17 de la Ley 44/2015), que muy raramente, por no decir nunca, será de aplicación en la creación de una empresa de inserción.

En el caso de que la empresa de inserción sea una cooperativa protegida[15], podrá beneficiarse de la exención por los actos, contratos y operaciones siguientes: constitución y ampliación de capital; constitución y cancelación de préstamos; y adquisiciones de bienes y derechos que se integren en el Fondo de Educación y Promoción para el cumplimiento de sus fines (art. 33.1 de la Ley 20/1990).

Si la empresa de inserción fuera una sociedad laboral, el beneficio que regula la LSLP en teoría le sería de aplicación: disfrutar de una bonificación del 99 por 100 de las cuotas que se devenguen por la adquisición de bienes y derechos provenientes de la empresa de la que proceda la mayoría de los trabajadores de la sociedad laboral (art. 17). En la práctica, sin embargo, esto es muy difícil que se dé en la realidad.

3.4. Tributación en el Impuesto del Valor Añadido

Para este impuesto vale todo lo dicho en relación con las entidades promotoras y la aplicación del art. 20.1.8ª LIVA y las «prestaciones de servicios de asistencia social» exentas, en las que encajan perfectamente las que realizan las empresas de inserción, tengan la forma jurídica que tengan, pero siempre, y esto es importante que tengan la consideración de «entidades o establecimientos privados de carácter social» y lo solicite pertinentemente[16].

---

[15] Ha quedado sentado que difícilmente podrán ser cooperativas especialmente protegidas (*vid. supra* epígrafe 3.5.2).

[16] Para la calificación como entidad o establecimiento privado de carácter social de la cooperativa o de la sociedad de capital, debe hacerse una solicitud a la

Para ello las empresas de inserción con forma de sociedades de capital (incluidas las sociedades laborales) y las
cooperativas que se quieran aprovechar de dicha exención
del IVA deben cumplir con dos de los requisitos que contiene el apartado 3.º del art. 20 LIVA para ser reconocidos
como establecimientos privados de carácter social: «Carecer
de finalidad lucrativa y dedicar los beneficios eventualmente
obtenidos al desarrollo de actividades exentas de idéntica
naturaleza» (apdo. 1); y que «los cargos de presidente o representante legal» —y se entiende también el de los administradores sociales—, «deberán ser gratuitos y carecer de
interés en los resultados económicos de la explotación por
sí mismos o a través de persona interpuesta» (apdo. 2). En
cambio, la propia ley, tras la modificación de este precepto
por la Ley 17/2012, establece acertadamente que para este
tipo de prestaciones no es de aplicación la obligación de que
los socios y sus cónyuges o parientes hasta segundo grado
no puedan ser destinatarios principales de las operaciones
exentas (apdo. 3).

El cumplimiento del requisito de gratuidad de los cargos
de administrador no es difícil de lograr sea cual sea el tipo societario elegido. Recordemos que en las sociedades de capital
se parte de la gratuidad del cargo de administrador social, salvo disposición contraria en los estatutos (art. 217 de la LSC).
Para las cooperativas, por su parte, todas las leyes parten de
la gratuidad de los cargos sociales y muchas veces limitan
los que pueden ser retribuidos a personas que no sean socias
(art. 40 de la LCOOP). En el caso de que la cooperativa sea
calificada de entidad sin ánimo de lucro, lo que ocurre con
las cooperativas de iniciativa social y de integración social
que son las típicas que pueden, a su vez, ser calificadas de
empresas de inserción, se impone también el carácter gratuito
del desempeño de los cargos del consejo rector [disp. adic. 1.ª,
letra *c)* LCOOP].

Agencia Estatal de Administración Tributaria, dirigida a la Delegación o Administración de esta, en cuya circunscripción territorial esté situado su domicilio fiscal
(art. 5 del Real Decreto 1624/1992).

La ausencia de finalidad lucrativa y dedicar los beneficios al desarrollo de actividades de idéntica naturaleza, que es el otro requisito que impone el art. 20.3 LIVA para que las empresas de inserción se les aplique la comentada exención del IVA en la prestación de servicios de asistencia social. Si la entidad es una cooperativa, deberá cumplir los requisitos para su reconocimiento como entidad no lucrativa. Si la entidad es una sociedad de capital, el tema es más complejo porque esto aparentemente va en contra del carácter lucrativo que se les presupone a las sociedades de capital por su naturaleza mercantil por la forma (art. 2 de la LITPAJD). No obstante, desde hace tiempo la Agencia Tributaria se ha pronunciado a favor de que las sociedades de capital que cumplan las condiciones del art. 20.3 de la LIVA puedan obtener el reconocimiento de entidad de iniciativa privada prestadora de servicios sociales (SAN de 22 de diciembre de 2011 [17]).

Lo que ocurre es que esta exención, como tratamos al analizar la exención del IVA para las prestaciones sociales realizadas por las entidades promotoras, no es un beneficio fiscal para la empresa de inserción, ya que le impide deducir el IVA soportado por las compras de bienes o servicios, y es más bien un beneficio pensado para las personas con dificultades a las que van dirigidos los servicios que presta la empresa de inserción que le puede resultar más económico. Además, como estas exenciones del IVA se aplican normalmente en la última fase de la prestación de los servicios, la no repercusión del impuesto va a implicar que aquellas entidades a las que les

---

[17] Señala que, si bien la Administración demandada pone en duda la ausencia de ánimo de lucro de la actora, ausencia que vincula a la forma societaria escogida, ha de estarse a lo dispuesto por la DGT que, en aplicación de las indicaciones establecidas en la jurisprudencia comunitaria, ha entendido que una sociedad anónima —que por su propia naturaleza tiene como una de sus características intrínsecas la finalidad lucrativa— puede obtener el reconocimiento de la exención examinada; a tal fin ha de apreciarse si actúa o no con fin lucrativo. La DGT ha concluido que en la medida en que una sociedad obtenga el reconocimiento de entidad privada de carácter social según lo dispuesto en el Reglamento LIVA, se considerarán exentas las prestaciones de servicio incluidas en los núms. 8, 13 y 14 del art. 20.1 LIVA, y que, a tenor de los estatutos de sociedad limitada, la misma obtuvo el reconocimiento de entidad de iniciativa privada prestadora de servicios sociales

sea reconocida se comporten como consumidores finales, por lo que habrá ocasiones en que resulte interesante obtener esta exención y en otras no, dado que implicaría una reducción de la renta disponible final para la entidad [18]. Por ello, alineados con la doctrina más autorizada en esta materia, defendemos que sería aconsejable reducir los tipos del gravamen o posibilitar la devolución de las cuotas soportadas [19].

---

[18] MÉNDEZ TERROSO, I.: «Incentivos fiscales de los Centros Especiales de Empleo», *Revista del Ministerio de Trabajo y Asuntos Sociales,* núm. 56, 2005, pp. 128 y s.

[19] BONET SÁNCHEZ, M. P.: «Empresas de inserción: razones para una fiscalidad específica», *CIRIEC-España. Revista jurídica de economía social y cooperativa,* 2010, núm. 21, p. 22.

CAPÍTULO III

LAS COOPERATIVAS DE INICIATIVA SOCIAL Y DE INTEGRACIÓN SOCIAL

1. LAS COOPERATIAS SOCIALES Y LAS COOPERATIVAS WISES

Con el nombre de cooperativas sociales se engloban varios subtipos de cooperativas que tienen como punto común desarrollar una actividad de interés general y sin ánimo lucrativo y en España reciben distinta denominación según la ley de cooperativas que las regule, siendo los habituales los de cooperativas de iniciativa social y cooperativas de integración social. Aunque son clases de cooperativa diferentes, tienen en común que uno de sus posibles fines sociales es la integración laboral de personas que sufran cualquier clase de exclusión social, incluida la discapacidad. Esto hace que, en principio, parezca que estos tipos de cooperativas son fórmulas ideales para ser calificadas de centros especiales de empleo o de empresas de inserción, pero, en realidad, por diversas circunstancias, esto no ocurre.

En la LCOOP, se denominan *cooperativas de iniciativa social* y se definen como cooperativas que «sin ánimo de lucro y con independencia de su clase, tienen por objeto social, bien la prestación de servicios asistenciales mediante la realización de actividades sanitarias, educativas, culturales u otras de naturaleza social, o bien el desarrollo de cualquier actividad económica que tenga por finalidad la integración laboral de personas que sufran cualquier clase de exclusión social y, en general, la satisfacción de necesidades sociales no atendidas por el mercado» (art. 106).

Este mismo término y con una definición legal parecida se mantienen en la mayoría de las leyes autonómicas de cooperativas. Por ejemplo, el art. 142.1 de la Ley 12/2015 de Cooperativas de Cataluña establece que «son reconocidas como de iniciativa social las cooperativas que tienen por finalidad la integración laboral, la plena inserción o la defensa de personas o colectivos con especiales dificultades de integración o afectados por cualquier clase de exclusión social o limitación de sus derechos sociales, o bien la satisfacción de necesidades sociales no atendidas, o atendidas insuficientemente, por el mercado, mediante las actividades que determinen sus respectivos estatutos sociales. Para alcanzar su finalidad, el objeto social de estas cooperativas puede ser la prestación de servicios asistenciales, mediante actividades terapéuticas, sanitarias, residenciales, de atención domiciliaria, educativas, culturales, recreativas y otras de naturaleza social, o bien cualquier tipo de actividad económica».

El art. 104.1 Ley 2/2023 de Cooperativas de la Comunidad de Madrid las define como «aquellas cooperativas de trabajo que tienen por objeto principal la prestación de servicios relacionados con: la protección de la infancia y de la juventud; la asistencia a la tercera edad; la educación especial y la asistencia a personas con discapacidad; la asistencia a minorías étnicas, refugiados, asilados, personas con cargas familiares no compartidas, víctimas de violencia de género, víctimas de terrorismo, ex reclusos, alcohólicos y toxicómanos; y la reinserción social y la prevención de la delincuencia, así como la prestación de servicios dirigidos a los colectivos que sufran cualquier clase de marginación o exclusión social, en orden a conseguir que superen dicha situación».

El art. 77.1 de la Ley de Cooperativas de Aragón las define como «aquellas cooperativas de trabajo asociado que tienen por finalidad principal el apoyo, la promoción y el desarrollo de colectivos que, por sus peculiares características, precisen de una especial atención en orden a conseguir su bienestar y su plena integración social y laboral, a través de la prestación de servicios y el desarrollo de actividades empresariales de carácter asistencial, educativo, de prevención, integración e inserción». Como se observa, en ambas normas se exige que las cooperativas de iniciativa social se constituyan como cooperativas de trabajo asociado.

De manera más original, el art. 99 bis de la Ley de Cooperativas de la Comunidad Valenciana establece que «la Generalitat y las entidades locales favorecerán en su ámbito territorial la prestación de actividades y servicios de primera necesidad para sus ciudadanos mediante cooperativas que desarrollen servicios de interés económico general», y que «se considerarán actividades y servicios de primera necesidad los relativos a vivienda, salud, servicios sociales, atención a la dependencia, la protección e integración de grupos sociales vulnerables, los suministros básicos como el agua, la electricidad y las telecomunicaciones, la educación, la cultura, el deporte, la movilidad y el transporte».

Por poner un último ejemplo, el art. 156.3 de la Ley 11/2019 de Cooperativas del País Vasco las define como «las entidades cooperativas que, sin ánimo de lucro y con independencia de su clase, tengan por objeto social, bien la prestación de servicios asistenciales mediante la realización de actividades sanitarias, educativas, culturales u otras de naturaleza social, bien el desarrollo de cualquier actividad económica que tenga por finalidad la integración laboral de personas que sufran cualquier clase de exclusión social y, en general, la satisfacción de necesidades sociales no atendidas por el mercado».

En cambio, las denomina como *cooperativas de interés social* el art. 94.1 de la Ley 14/2011 de Sociedades Cooperativas Andaluza que «tienen como finalidad la promoción y plena integración sociolaboral de determinados sectores de la ciudadanía y cuya actividad estará constituida por la prestación de servicios relacionados con la promoción de la autonomía personal y la atención a las personas en situación de dependencia, con la protección de la infancia y la juventud, con la asistencia a personas mayores, inmigrantes, con discapacidad, refugiadas, asiladas, ex reclusas, con problemas de adicción, víctimas de violencia de género o de terrorismo, pertenecientes a minorías étnicas y cualquier otro colectivo con dificultades de integración social o desarraigo".

De otro lado, encontramos varias Comunidades Autónomas que además de regular a las cooperativas de iniciativa social, regulan otra, con muchos puntos en común con aquella, que recibe el nombre de *cooperativa de integración social*. Esto ocurre, por ejemplo, en el art. 133 de la Ley 11/2019 de Cooperativas del País Vasco que dispone que «las cooperativas de integración social estarán constituidas, al menos mayoritariamente, por personas afectadas por discapacidad física, psíquica y/o sensorial, así como por personas en situación de exclusión social, y podrán basarse en el trabajo asociado para organizar, canalizar y comercializar los productos y servicios del trabajo de las personas socias o ir dirigidas a facilitar la provisión de bienes y servicios de consumo general o específicos». Este régimen se completa con lo dispuesto en el art. 133 de la misma ley que dicen que podrán participar en ellas como socias entidades públicas responsables de la prestación de cualesquiera servicios sociales mediante la correspondiente aportación y la designación de una persona representante de las entidades públicas.

Por su parte, el art. 126.1 de la Ley 2/2023 de Cooperativas de la Comunidad de Madrid dice que «son cooperativas de integración social aquellas que procuran a sus miembros atención o integración social por uno de estos medios: *a)* Proporcionándoles medios y servicios, tanto de consumo general como específico, para su subsistencia y desarrollo. *b)* Organizando la producción y comercialización de los productos que elaboran en régimen de empresa en común. c) Coordinando ambas funciones mediante una estructura cooperativa adecuada. En el primer caso se aplicará básicamente la normativa sobre cooperativas de consumidores; en el segundo, la correspondiente a cooperativas de trabajo; y en el tercero, la relativa a las cooperativas integrales».

Y como último ejemplo de regulación de las cooperativas de integración social de los muchos que hay (Comunidad Valenciana, Extremadura, La Rioja, Castilla-La Mancha, etc.), el art. 100.1 del Reglamento de Desarrollo de la Ley 14/2011 de Andalucía, aprobado por el Decreto 123/2014, las define como cooperativas «que agrupan, mayoritariamente, a personas con discapacidad física, psíquica o sensorial, u otros colectivos con especiales dificultades de integración en la sociedad, cuya finalidad consista en su inserción social, en las que pueden integrarse como socios los progenitores y las personas que ostenten la tutela y que su objeto puede consistir en proporcionar a sus personas socias bienes y servicios de consumo general o específico, para su subsistencia, desarrollo, asistencia e integración social, en cuyo caso deberán adoptar la forma de cooperativas de consumo y/u organizar, canalizar, promover y comercializar la producción de los productos o servicios del trabajo de los socios adoptando la forma de cooperativas de trabajo». El apartado segundo del mismo precepto se señala que podrán integrarse como socios los progenitores, las personas que ostenten la tutela y quienes ostenten un interés legítimo con relación al objeto social de la cooperativa, en cuyo caso, los estatutos sociales deberán prever y regular esta circunstancia. Asimismo, se establece que podrán ser socios de estas cooperativas las Administraciones y entidades públicas, y las entidades privadas cuya normativa o estatutos prevean o permitan la financiación u otra forma de colaboración en el desarrollo de las actividades de tales cooperativas. El objeto de estas sociedades cooperativas según establece la norma andaluza, podrá consistir en: proporcionar a sus personas socias bienes y servicios de consumo general o específico, para su subsistencia, desarrollo, asistencia e integración social, en cuyo caso deberán adoptar la forma de cooperativas de consumo; u organizar, canalizar, promover y comercializar la producción de los productos o servicios del trabajo de los socios, adoptando la forma de cooperativas de

trabajo. Según esta norma (art. 100.5), las sociedades cooperativas de integración social podrán tener el carácter de sociedades cooperativas de interés social, debiendo incluir la
expresión «interés social» en su denominación.

Tras todo lo expuesto se perciben diferencias y semejan-
zas entre las cooperativas de iniciativa social y las de integración social[1]. El primer punto en común es que ambas realizan una prestación de servicios sociales o de interés social.
El segundo es que no son realmente tipos de cooperativas,
sino una calificación jurídica que reciben una cooperativa,
que normalmente será de trabajo asociado, si cumplen una
serie de requisitos. El tercer punto en común es la exigencia
legal de tener la calificación como *cooperativas sin ánimo de
lucro,* para lo que las propias leyes cooperativas ponen las
condiciones o requisitos que tienen que cumplir para ello (y
que en la LCOOP está en la disposición adicional 1.ª). A las
cooperativas sin ánimo de lucro le dedicaremos el siguiente
epígrafe de este capítulo.

La gran diferencia es que las cooperativas sociales tienen
por objeto la prestación de todo tipo de servicios sociales mediante la realización de actividades sanitarias, educativas, culturales u otras de naturaleza social, mientras que las cooperativas de integración social tienen como finalidad promover la
integración social de sus socios, y de ahí deriva su nombre.
Por ello, en las primeras no se exige que las personas que se
beneficien de esos servicios sociales que presta tengan que
ser socios (que pueden serlo solamente los profesionales y las
personas que desarrollan las labores de asistencia social), a
diferencia de lo que ocurre en las cooperativas de integración
social que están constituidas mayoritariamente por personas

---

[1] Con una visión de Derecho comparado, HERNÁNDEZ CÁCERES, D.: «Social
enterprises in the social cooperative form», en PETER, H., VARGAS VASSEROT, C. y
ALCALDE, J. (ed.): *The International Handbook of Social Entreprise Law. Benefit
Corporations and Other Purpose-Driven Companies,* Berlin, Springer-VDI-Verlag, 2023, pp. 173-191. Para el tratamiento más centrado en el régimen en el ordenamiento español, del mismo autor: «Las cooperativas sociales como manifestación del principio cooperativo de interés por la comunidad», en AGUILAR RUBIO,
M. (dir.): *Innovación social y elementos diferenciales de la economía social y
cooperativa,* Madrid, Marcial Pons, 2022, pp. 79-98.

con discapacidad o cualquier otro colectivo con dificultades de integración social, así como por sus familiares, tutores o personal de atención.

Para realizar una labor de inserción laboral a través de la prestación de trabajo y ser, a su vez, calificadas como centros especiales de empleo o como empresas de inserción, valen en teoría tanto las cooperativas de iniciativa social como las de integración social y por ello ambas son WISEs. Sin embargo, las segundas, por el tenor literal de los preceptos que las regulan, parecen ir más enfocadas a asociar a personas con discapacidad y constituirse como centros especiales de empleo que a personas en riesgo de exclusión, que suelen tener más intención de calificarse como empresas de inserción.

En lo que respecta a tratamiento fiscal de estas cooperativas, el elemento esencial es ver si la falta de lucro que deben tener este tipo de cooperativas tiene consecuencias fiscales, que es lo que trataremos ahora, dejando para un epígrafe posterior la tributación de las cooperativas sometidas al régimen fiscal general de la Ley 20/1990 que, como veremos, es el que se aplica a las cooperativas de iniciativa social excepto en los territorios forales del País Vasco.

Por otro lado, sería recomendable que el reconocimiento que hace la LES (art. 5.4) a los centros especiales de empleo y a las empresas de inserción como SIEG se extendiera a través del desarrollo reglamentario que prevé la norma, «a otras entidades de la economía social que tengan por objeto la inserción laboral de colectivos en riesgo de exclusión», como son las cooperativas de iniciativas social y las cooperativas de integración social. Esto potenciaría considerablemente la creación de este tipo de entidades, al margen del reconocimiento como empresas de inserción o centros especiales de empleo, que como hemos visto a lo largo de este estudio es algo que encuentra varias limitaciones legales por la necesaria participación de una persona jurídica como socio. La declaración como entidades prestadoras de SIEG a estos tipos de cooperativas permitiría un acceso a mayores ayudas estatales y obtener beneficios fiscales y en contratación pública, sin colisionar con el Derecho europeo de la competencia.

2. LA FISCALIDAD DE LAS COOPERATIVAS SIN ÁNIMO DE LUCRO

La típica calificación de estas cooperativas sociales como entidades sin ánimo de lucro aparentemente debería tener consecuencias fiscales para este tipo de entidades. Antes de avanzar, conviene apuntar que la existencia o no del lucro en las cooperativas en general, que históricamente fue un tema muy debatido, ya no tiene en nuestro ordenamiento importancia alguna en el ámbito de la regulación sustantiva de las cooperativas. Como se ha demostrado, a diferencia de lo que ocurría históricamente, ninguna ley de cooperativas española habla de lucro más allá de cuando quiere especificar que algún tipo de cooperativa en concreto no tiene ánimo lucrativo.

Los últimos rastros textuales del carácter no lucrativo de las cooperativas en la legislación española los encontramos en el art. 1.º de la Ley de Cooperación de 2 de enero 1942 («Es sociedad cooperativa la reunión de personas naturales o jurídicas que se obligan a aunar esfuerzos con capital variable y *sin ánimo de lucro*, al objeto de lograr fines comunes de orden económico-social») y en el art. 1.ª del Decreto de 11 de noviembre de 1943 que aprueba el Reglamento de dicha Ley. A partir de ahí, y a diferencia de lo que ocurre en muchos ordenamientos de Latinoamérica (Brasil, Argentina, Colombia, etc.) y ocurría en Portugal hasta la reforma del Código Cooperativo en 2015, la referencia del lucro desaparece del concepto y de la propia regulación legal de las cooperativas como ocurre actualmente en cualquier ley española de cooperativas[2]. Por ejemplo, según la LCOOP, «la cooperativa es una sociedad constituida por personas que se asocian, en régimen de libre adhesión y baja voluntaria, para la realización de actividades empresariales, encaminadas a satisfacer sus necesidades y aspiraciones económicas y sociales, con es-

---

[2] Sobre todo esto, AGUILAR RUBIO, M. y VARGAS VASSEROT, C.: «Las cooperativas sin ánimo de lucro en la prestación de servicios públicos. Análisis de fiscalidad», *Sociedad y Utopía: Revista de Ciencias Sociales*, núm. 40, 2012, pp. 404 y ss.

tructura y funcionamiento democrático, conforme a los principios formulados por la alianza cooperativa internacional, en los términos resultantes de la presente Ley». Y tampoco encontramos ni una sola referencia al lucro en la Ley 20/1990 al establecer el régimen fiscal de estas entidades. Solo se menciona al lucro en las leyes cooperativas españolas para concretar casos específicos y especiales en los que no existe (como ocurre con las cooperativas sociales), dando por hecho que en los demás sí concurre el lucro o de no hacerlo no tienen relevancia ni jurídica ni fiscal.

Centrándonos en el régimen de la ley de cooperativas estatal, tras decir que las cooperativas de iniciativa social se definen, entre otros aspectos, en que no tienen *ánimo de lucro* (art. 106.1), después, la disposición adicional primera de la ley establece las condiciones para que una cooperativa sea calificada como *entidad sin ánimo de lucro,* que son las siguientes: que gestionen servicios de interés colectivo o de titularidad pública, así como las que realicen actividades económicas que conduzcan a la integración laboral de las personas que sufran cualquier clase de exclusión social; y que en sus estatutos recojan expresamente: *a)* que los resultados positivos que se produzcan en un ejercicio económico no podrán ser distribuidos entre sus socios; *b)* las aportaciones de los socios al capital social no podrán devengar un interés superior al interés legal del dinero; *c)* el carácter gratuito del desempeño de los cargos del consejo rector; y *d)* las retribuciones de los socios trabajadores y de los trabajadores por cuenta ajena no podrán superar el 150 por 100 de las retribuciones que en función de la actividad y categoría profesional establezca el convenio colectivo aplicable al personal asalariado del sector[3].

De manera parecida se pronuncian las leyes cooperativas autonómicas, aunque algunas regulan el concepto de coopera-

---

[3] Como bien señala Gómez Álvarez, ni la LCOOP ni el resto de leyes autonómicas ofrecen un concepto propio, sino que se limitan a establecer cuáles son sus requisitos («La tributación de las cooperativas de iniciativa social y las entidades del tercer sector en el impuesto sobre sociedades. Cuestiones pendientes para una reforma», en: AGUILAR RUBIO, M. y VARGAS VASSEROT, C. (dirs.): *Los principios cooperativos...*, *op. cit.*, p. 806).

tiva sin ánimo de lucro al tratar precisamente a las cooperativas de iniciativa social. Por ejemplo, la Ley de la Comunidad de Madrid dispone en su art. 104.3 que, para ser inscrita como cooperativa de iniciativa social, la entidad deberá hacer constar en los estatutos los siguientes extremos y obligaciones:

«a) La ausencia de ánimo de lucro, con indicación de que, en el supuesto de que en un ejercicio económico se produzcan excedentes o beneficios, en ningún caso serán repartidos entre los socios trabajadores, dedicándose a la consolidación y mejora del servicio prestado.

b) El carácter gratuito de los cargos, sin perjuicio de las compensaciones económicas procedentes por los gastos en los que puedan incurrir los miembros del órgano de administración en el desempeño de sus funciones como tales. El carácter gratuito de los cargos no es incompatible con la percepción de los anticipos derivados de la condición de socios trabajadores de sus componentes.

c) Las aportaciones de los socios trabajadores al capital social, tanto obligatorias como voluntarias, no podrán devengar interés alguno, sin perjuicio de la posible actualización de estas.

d) Las retribuciones de los socios trabajadores y la remuneración salarial de los trabajadores por cuenta ajena no podrán superar el 150 por 100 de las retribuciones que, en función de la actividad y categoría profesional, establezca el convenio colectivo aplicable que guarde mayor analogía».

Y posteriormente, en la disposición adicional primera de la ley madrileña se dispone que para la calificación de las cooperativas que persigan fines sociales como entidades sin fines lucrativos, se remite a los requisitos establecidos para las cooperativas de iniciativa social a que se refiere el art. 104.3 de esta ley.

También es especial la regulación del País Vasco, ya que no se regulan las condiciones de las cooperativas sin ánimo de lucro en la ley de cooperativa, sino que se recogen en la normativa fiscal de las entidades en sede del régimen de las cooperativas de iniciativa social. Así, por ejemplo, el art. 52.2 de la Norma Foral 6/2018 sobre el Régimen Fiscal de Cooperativas del Territorio Histórico de Bizkaia establece que «las sociedades cooperativas carecen de ánimo de lucro cuando cumplan los siguientes requisitos: *a)* Que los resultados positivos que eventualmente se produzcan no puedan ser distribuidos entre sus socios y socias, debiendo aquellos destinarse a la realización de sus fines. *b)* Que el desempeño de los cargos del Consejo Rector tenga el carácter de gratuito. *c)* Que las retribuciones de las personas socias trabajadoras, o en su caso de las personas socias de trabajo, y de las personas trabajadoras por cuenta ajena no superen el 150 por 100 de las retribuciones que, en función de la actividad y categoría profesional, establezca el Convenio colectivo aplicable al personal asalariado del sector. *d)* Que los socios, socias, o personas y entidades que tengan con los mismos una relación de vinculación que, en su caso, pudiera encuadrarse en el art. 42.3 de la Norma Foral del Impuesto sobre Sociedades, no sean personas destinatarias principales de las actividades realizadas, ni gocen de prestaciones o condiciones especiales para beneficiarse en la obtención de los servicios.

También es peculiar la normativa andaluza que solo reconoce la posibilidad de cooperativa no lucrativa a las de trabajo. En particular el art. 80.1 del Reglamento de la Ley de Sociedades Cooperativas Andaluzas establece:

«1. Las sociedades cooperativas de trabajo, cualquiera que sea su objeto, que carezcan de ánimo de lucro, recogerán expresamente en el apartado estatutario relativo al objeto social su carácter no lucrativo y en el referido al régimen económico lo siguiente:

a) La imposibilidad de que las aportaciones al capital social devenguen un interés superior al legal del dinero, sin perjuicio de su posible actualización.

b) La retribución de las personas socias trabajadoras y de los trabajadores por cuenta ajena no excederán del 150 por 100 de la que les correspondería en virtud del convenio colectivo u otra disposición laboral aplicable en la zona.

c) Los excedentes o beneficios que puedan generarse en un ejercicio económico, en ningún caso se repartirán entre las personas socias e inversoras, en su caso, destinándose a la consolidación de la entidad y a la creación de empleo, una vez cubiertos los porcentajes relativos a los fondos obligatorios, que tendrán carácter irrepartible».

No obstante, la mayor parte de las leyes autonómicas contienen una previsión parecida a la contenida en la disposición adicional primera de la LCOOP. Por ejemplo, el art. 114.3 de la Ley de Cooperativas de la Comunidad Valenciana establece que para que una cooperativa sea calificada como no lucrativa deberá hacer constar expresamente en sus estatutos: «*a)* La ausencia de ánimo de lucro y la dedicación a una actividad de interés social. *b)* Que los eventuales resultados positivos que se obtengan no serán repartibles entre las personas socias, sino que se dedicarán a la consolidación y mejora de la función social de la cooperativa. *c)* Las aportaciones voluntarias de los socios al capital social no podrán devengar interés alguno, sin perjuicio de su actualización en los términos establecidos en esta ley para las aportaciones obligatorias. *d)* Las personas socias y los trabajadores de la cooperativa no podrán percibir, en concepto de retornos o de salarios, más de un 175 por 100 de los salarios medios del sector».

Pero esto, lejos de lo que pueda pensarse inicialmente, y lo que sería lo lógico, no significa que a las cooperativas calificadas como entidad sin ánimo de lucro tienen un tratamiento fiscal mejor que el resto, puesto que la propia LCOOP se encarga de decir en la disposición adicional 9.ª que «el régimen tributario aplicable a las sociedades cooperativas calificadas como entidades sin ánimo de lucro será el establecido en la Ley 20/1990, de 19 de diciembre, de Régimen Fiscal de Cooperativas». Debemos partir de que como, con carácter general, el régimen tributario y fiscal es una competencia exclusiva del Estado (art. 133.1 de la CE), las leyes cooperativas autonómicas no hacen referencia a la fiscalidad de las cooperativas porque se entiende que todas las cooperativas, independientemente de la ley de cooperativas que las regulen, se someten al régimen tributario establecido en la Ley 20/1990[4].

---

[4] No obviamos aquí que, a pesar de lo dicho, al regular las causas de pérdida de la condición de cooperativa protegida, la ley fiscal se remite en muchos casos a la legislación sustantiva aplicable, de forma que el régimen fiscal no va a ser estrictamente homogéneo en función del territorio. De ellos dieron buena cuenta Alguacil Marí, M. P. y Romero Civera, A.: «Diferencias territoriales en el con-

No obstante, varias leyes autonómicas de cooperativas hablan de fiscalidad precisamente cuando regulan las entidades sin ánimo de lucro, algo para lo que no son competentes. Esto ocurre, por ejemplo, en la Ley 12/2015, de Cooperativas de Cataluña, que señala que las cooperativas que cumplan los requisitos para tener la condición de cooperativa sin ánimo de lucro (que son los mismos que contiene la disposición adicional 1.ª de la LCOOP) «a efectos de concursos públicos, de contratación con entes públicos, de beneficios fiscales, de subvenciones y, en general, de cualquier otra medida de fomento que sea de aplicación, tienen la misma condición que las demás entidades sin ánimo de lucro» (art. 144.1).

En el mismo sentido, aunque sin hablar de fiscalidad, se manifiestan otras leyes autonómicas, como es la Ley de Cooperativas de la Comunidad de Valencia (art. 114.59 y la Ley de 2/2023 de Cooperativas de la Comunidad de Madrid (art. 104.5), que tras relacionar las condiciones que deben cumplir las cooperativas no lucrativas (que en la Comunidad de Madrid solo pueden ser las de iniciativa social) y que, de nuevo, son prácticamente las mismas que las prescritas en la disposición adicional primera de la Ley de cooperativa estatal, terminan diciendo que «serán consideradas por las administraciones públicas autonómicas como entidades sin fines lucrativos a todos los efectos» (art. 104.5).

Lo que ocurre es que los efectos fiscales de que una entidad sea calificada sin fines lucrativos es competencia estatal (salvo el caso vasco y navarro) y habría que acudir a lo dispuesto, en concreto, en la Ley 49/2002, para comprobar si este régimen le puede ser de calificación a las cooperativas sociales por no tener lucro. Hay que tener en cuenta que las leyes autonómicas de cooperativas no pueden modificar ni el contenido de la Ley 20/1990 ni el de la Ley 49/2002, ambas estatales, aunque regulen tributos de titularidad estatal

cepto de cooperativa protegida y especialmente protegida», *REVESCO. Revista de Estudios Cooperativos*, núm. 110, 2013, pp. 7-42.

cedidos a las Comunidades Autónomas, como es el ITPAJD[5]. Además, tal como señala el art. 3.1 de la Ley 30/1983 reguladora de la cesión de tributos del Estado a las Comunidades Autónomas, la normativa que dicten estas en relación con las materias cuya competencia les corresponda de acuerdo con su Estatuto de Autonomía y que sea susceptible de tener, por vía indirecta, efectos fiscales, no producirá tales efectos en cuanto al régimen tributario que configure no se ajuste al establecido por las normas estatales.

Así, a pesar de lo que parece deducirse de los textos trascritos de preceptos de algunas leyes autonómicas, y a pesar de que puedan cumplir con los requisitos exigidos a las entidades sin fines lucrativos que establece el art. 3 de Ley 49/2002, las cooperativas no se van a poder beneficiar de este régimen fiscal.

La Ley 49/2002 no exige únicamente el cumplimiento de los requisitos anteriormente (y otros que no hemos especificado), sino que, además, exige que las entidades adopten una de las formas jurídicas concretas recogidas en el art. 2, y como se observa, no se menciona a las cooperativas en ningún momento: *a)* Las fundaciones; *b)* Las asociaciones declaradas de utilidad pública; *c)* Las organizaciones no gubernamentales de desarrollo a que se refiere la Ley 23/1998, de 7 de julio, de Cooperación Internacional para el Desarrollo, siempre que tengan alguna de las formas jurídicas a que se refieren los párrafos anteriores; *d)* Las federaciones deportivas españolas, las federaciones deportivas territoriales de ámbito autonómico integradas en aquellas, el Comité Olímpico Español y el Comité Paralímpico Español; *e)* Las federaciones y asociaciones de las entidades sin fines lucrativos a que se refieren las letras anteriores; *f)* Las entidades no residentes en territorio español que operen en el mismo con establecimiento permanente y sean análogas a algunas de las previstas en las letras anteriores.

---

[5] Montero Simó, M.: «La fiscalidad de las cooperativas sin ánimo de lucro», *CIRIEC-España. Revista de Economía Pública, Social y Cooperativa*, núm. 69, 2010, pp. 167 y s.

Esta diferencia de tratamiento entre las asociaciones o fundaciones y las cooperativas de iniciativa social sin ánimo de lucro supone para estas últimas un agravio comparativo, puesto que no se les aplicarán las ventajas de las que sí gozan las otras figuras por la aplicación de la Ley 49/2002. Por ejemplo, no se beneficiarán del régimen especial en el IS que supone un menor tipo de gravamen y algunos beneficios en dicho impuesto (art. 5-14), ni tampoco gozarán de la exención en el ITPAJD, ni de los beneficios previstos en algunos impuestos locales como los del IBI (art. 15.1), en IAE (art. 15.2) o en el Impuesto sobre Incremento del Valor de los Terrenos de Naturaleza Urbana (IIVTNU) (art. 15.3). Este peor tratamiento a las cooperativas sociales sin ánimo de lucro que cumplen con todos los requisitos exigidos en el art. 3 de la Ley 49/2002, al igual que hacen las asociaciones y fundaciones que sí que son tratadas fiscalmente mejor, no tiene justificación alguna[6]. Por ello, coincidimos con la propuesta de modificar la normativa estatal y establecer o bien un régimen fiscal específico para las cooperativas sin ánimo de lucro dentro de la Ley 20/1990 o en otra norma especial, o bien la modificación del art. 2 de la Ley 49/2002 para incluir en dicho listado a las cooperativas de iniciativa social o asimiladas sin ánimo de lucro o bien proceder a una reforma similar a la acometida en la legislación vasca que pasamos a describir[7].

Recordemos que los territorios forales tienen un régimen tributario propio y en el marco de esas competencias en sus normas forales sobre el régimen fiscal de las cooperativas han regulado unos beneficios especiales para las cooperativas de iniciativa social (pero no para todas las cooperativas sin ánimo de lucro). Por ejemplo, la Norma Foral 6/2018 sobre sobre el Régimen Fiscal de Cooperativas del Territorio Histórico de Bizkaia (y de igual manera la norma fiscal del

---

[6] En este sentido Bonet Sánchez, M. P.: «Empresas de inserción: razones para una fiscalidad específica», *CIRIEC-España. Revista jurídica de economía social y cooperativa*, 2010, núm. 21, p. 20.

[7] Hernández Cáceres, D.: «Las cooperativas sociales como manifestación del principio cooperativo de interés por la comunidad», en Aguilar Rubio (dir.).: *Innovación social y elementos diferenciales de la economía social y cooperativa*, Madrid, Marcial Pons, 2022, pp. 82 y s.

territorio de Álava y Gipuzkoa[8]) tras señalar que a efectos tributarios se considerarán cooperativas de iniciativa social aquellas que, sin ánimo de lucro y con independencia de su clase, tengan por objeto social, bien la prestación de servicios asistenciales mediante la realización de actividades sanitarias, educativas, culturales u otras de naturaleza social, o bien el desarrollo de cualquier actividad económica que tenga por finalidad la integración laboral de personas que sufran cualquier clase de exclusión social y, en general, la satisfacción de necesidades sociales no atendidas por el mercado (art. 52.1), establece los requisitos que tienen que tener las cooperativas sin ánimo de lucro (art. 52.2), que son prácticamente iguales que las que contiene la disposición adicional 1.ª de la LCOOP. A saber:

a) Que los resultados positivos que eventualmente se produzcan no puedan ser distribuidos entre sus socios y socias, debiendo aquellos destinarse a la realización de sus fines.

b) Que el desempeño de los cargos del Consejo Rector tenga el carácter de gratuito.

c) Que las retribuciones de las personas socias trabajadoras, o en su caso de las personas socias de trabajo, y de las personas trabajadoras por cuenta ajena no superen el 150 por 100 las retribuciones que, en función de la actividad y categoría profesional, establezca el Convenio colectivo aplicable al personal asalariado del sector.

d) Que los socios, socias, o personas y entidades que tengan con los mismos una relación de vinculación que, en su caso, pudiera encuadrarse como personas vinculadas tal como las determina la Norma Foral 11/2013 del Impuesto sobre Sociedades (art. 42.3), no sean personas destinatarias principales de las actividades realizadas, ni gocen de prestaciones o condiciones especiales para beneficiarse en la obtención de los servicios.

---

[8] Arts. 42 y 43 Norma Foral 2/1997 de Gipuzkoa sobre Régimen Fiscal de las Cooperativas y arts. 42 y 43 Norma Foral 16/1997 de Álava sobre Régimen Fiscal de las Cooperativas.

En el artículo siguiente, la Norma Foral 6/2018 sobre el régimen fiscal de las cooperativas de Bizkaia, con el título «Beneficios fiscales reconocidos a las cooperativas de utilidad pública y a las cooperativas de iniciativa social» (art. 53), dispone que estas cooperativas tributan con las siguientes especialidades:

1. En el ITPAJD, exención, por cualquiera de los conceptos que puedan ser de aplicación respecto de los actos, contratos y operaciones siguientes: *a)* Los actos de constitución, ampliación de capital, fusión y escisión; *b)* La constitución y cancelación de préstamos y créditos, incluso los representados por obligaciones; *c)* Las adquisiciones de bienes y derechos a que se destine la contribución establecida en el art. 72 de la Ley 11/2019 de Cooperativas de Euskadi, para el cumplimiento de las finalidades previstas en dicho artículo; y *d)* Las adquisiciones de bienes y derechos destinados directamente al cumplimiento de sus fines sociales y estatutarios.

2. En el IS el régimen tributario aplicable será el establecido Norma Foral 4/2019 de régimen fiscal de las entidades sin fines lucrativos e incentivos fiscales al mecenazgo (arts. 7-17), norma que también se aplicará a los donativos y aportaciones efectuadas por personas jurídicas o a los convenios de colaboración empresarial realizados a favor de estas entidades (art. 28).

3. En los tributos locales también se le aplicará el régimen tributario establecido en la Norma Foral 4/2019 de régimen fiscal de las entidades sin fines lucrativos e incentivos fiscales al mecenazgo (art. 18).

Por su parte, en Navarra, el Decreto Foral Legislativo 2/2023, de 24 de mayo, por el que se aprueba el texto refundido de las disposiciones del régimen tributario especial de las fundaciones y otras entidades sin fines lucrativos y de los incentivos fiscales al mecenazgo, no incluye a las cooperativas entre las entidades que pueden ser consideradas beneficiarias del régimen tributario especial de las entidades sin fines lucrativo (art. 1), aunque sí menciona a las cooperativas de iniciativa social como posibles beneficiarias del *mecenazgo social* (art. 34).

3. LAS CLASES DE COOPERATIVAS EN LA LEY 20/1990 SOBRE RÉGIMEN FISCAL DE LAS COOPERATIVAS

Como señalamos anteriormente, a las cooperativas de iniciativa social de la LCOOP, que regulan también varias leyes autonómicas (Cataluña, Valencia) y a las figuras similares de otras las leyes autonómicas, como las cooperativas de interés social (Andalucía) o las cooperativas de integración (Madrid, Andalucía, etc.), incluso si cumplen los requisitos para ser calificadas de entidades no lucrativa, no tienen, con carácter general, un tratamiento fiscal mejor que el resto de cooperativas, excepto, como hemos visto, en el ámbito foral vasco.

La propia LCOOP en su disposición adicional 9.ª establece «el régimen tributario aplicable a las sociedades cooperativas calificadas como entidades sin ánimo de lucro será el establecido en la Ley 20/1990, de 19 de diciembre, de Régimen Fiscal de Cooperativas»[9]. Y como después en esta ley fiscal no hay ninguna referencia al lucro para establecer el régimen de las cooperativas, significa que fiscalmente a las cooperativas no lucrativas se les va a aplicar el régimen general de las cooperativas[10]. Esto significa la mayor función social que cumplen estas cooperativas no tiene recompensa alguna si se compara con cualquier otra cooperativa del mismo tipo que no realice labores de inserción o sociales de otro tipo[11]. Y las repercusiones fiscales no se limitan a las propias cooperativas sino también a los sujetos que participan activamente en la financiación de actividades del mecenazgo por cuanto no pueden acceder a las

---

[9] La propia LIS deja al margen a las entidades que tienen una regulación propia, que es el caso de las cooperativas, para las que la LIS será de aplicación solo en los no regulado por la Ley 20/1990.

[10] MONTERO SIMÓ, M.: «¿Incentivos fiscales para las cooperativas sin ánimo de lucro?», *Revista de Economía Social*, 2006, núm. 32, pp. 19-23.; y «La fiscalidad de las cooperativas sin ánimo de lucro», *CIRIEC-España. Revista de Economía Pública, Social y Cooperativa*, núm. 69, 2010, pp. 161-190.

[11] BONET SÁNCHEZ, M. P.: «Empresas de inserción: razones para una fiscalidad específica», *CIRIEC-España. Revista jurídica de economía social y cooperativa*, 2010, núm. 21, p. 12.

deducciones que se regulan en el art. 17 de la Ley 49/2002 para los donativos, donaciones y aportaciones.

Por tanto, a las cooperativas sociales se aplica el grueso de la Ley 20/1990 y su típica calificación de cooperativas protegidas y especialmente protegidas. El ordenamiento jurídico español en materia de cooperativas presenta un panorama muy complejo. Por un lado, tenemos normas sustantivas reguladoras de las cooperativas de todas las Comunidades Autónomas y, por otro, la LCOOP [12], ley estatal cuya aplicación es muy residual al quedar restringida a las cooperativas que operan en el territorio de más de una Comunidad Autónoma, sin que en ninguna tengan carácter principal, en Ceuta o en Melilla y supletoriamente en el resto de Las comunidades Autónomas.

En España se somete a las cooperativas a los mismos impuestos que el resto de las sociedades que operan en el mercado, en tanto que son empresas que realizan una actividad económica. No obstante, su régimen jurídico tiene algunas especialidades recogidas en la Ley 20/1990, de 19 de diciembre, de régimen fiscal de cooperativas (en adelante, Ley 20/1990).

Como hemos señalado, la función social que las cooperativas realizan no solo en beneficio de sus socios, sino también del grupo social en general, constituye, junto a las especiales reglas de funcionamiento a las que están sometidas, uno de los argumentos más claros a favor de una fiscalidad favorable para estas. La especial tributación vendrá justificada en

---

[12] Las razones principales para la sustitución de la Ley 3/1987, General de Cooperativas —que gozaba de buena consideración doctrinal—, hay que buscarlas, primero, en la conveniencia de adaptar la normativa estatal a la asunción de competencia exclusiva en esta materia por la totalidad de las Comunidades Autónomas; segundo, en la incorporación de algunas novedades legislativas derivadas de la transposición de Directivas europeas en materia de publicidad societaria, depósito de cuentas anuales, transformaciones y fusiones, competencias de los órganos societarios y los derechos y obligaciones de los socios; y tercero, en el giro economicista que había propiciado la competencia entre las distintas leyes que regulan la materia (VARGAS VASSEROT, C. GADEA SOLER, E. y SACRISTÁN BERGIA, F.: *Derecho de las Sociedades Cooperativas. Introducción, constitución, estatuto del socio y órganos sociales*, Madrid, La Ley, 2015, p. 73).

la obligación que impone el art. 129 apdo. 2º de la CE. Y las normas tributarias aducen precisamente esta función social a la hora de justificar el trato diferenciado que en ellas se prevé para las cooperativas. El modelo societario cooperativo ha demostrado su idoneidad para crear tejido productivo y empleo estable en áreas rurales despobladas y con escasez de servicios públicos [13], convirtiéndose así en un instrumento de fijación de población al territorio; así como para preservar el entorno en que operan [14].

Por otro lado, las cooperativas poseen unas características especiales de funcionamiento que también justifican plenamente su tributación especial, como la configuración de su capital, la doble condición de socio y trabajador que concurre en sus miembros, sus reservas obligatorias específicas, entre otras. Como es un obligado tributario diferente no se podría hablar de discriminación positiva o de trato desigual frente al resto de entidades [15].

Así, partiendo del valor social que aportan las cooperativas y de sus limitaciones económicas frente a otros modelos de empresa, se debe reconocer a estas entidades un régimen fiscal que atienda al menos a dos finalidades: la primera, incluir medidas de ajuste, que son las que aseguran la adecuación técnica de los diversos impuestos por los que tributan las cooperativas a las características específicas de su régimen económico, estableciendo así para ellas un régimen tributario propio; y la segunda, incentivar el modelo en el sentido de contener un sistema de beneficios fiscales que sirva tanto para compensar la labor social que cumplen como para

---

[13] VALIENTE PALMA, L.: «¿Podría estar contribuyendo el cooperativismo a fijar la población en el territorio de Andalucía?». *CIRIEC-España, Revista de Economía Pública, Social y Cooperativa*, 2019, núm. 97, p. 72.

[14] PASTOR DEL PINO, M.C.: «Incentivos fiscales para mantener las explotaciones agroalimentarias en cooperativas de áreas rurales», *Modelos innovadores para impulsar a las cooperativas agroalimentarias, evitar el abandono de explotaciones y fomentar el relevo generacional.* Cooperativas agroalimentarias 2020, pp. 10-112

[15] ALONSO RODRIGO, E.: *Fiscalidad de cooperativas y sociedades laborales.* Generalitat de Catalunya, 2001, p. 46.

favorecer su desarrollo [16]. Y la Ley 20/1990 contiene estos dos tipos de normas [17].

La Ley 20/1990 distingue dos clases de cooperativas a efectos fiscales: las cooperativas protegidas y las especialmente protegidas. Pero también puede haber cooperativas no protegidas fiscalmente, lo que supone quedarse fuera de los beneficios fiscales de esta ley: bien porque no se hayan constituido con arreglo a los principios y disposiciones de la ley sustantiva que les corresponda (esto es, la ley de cooperativas bajo la cual se hayan constituido y operen); bien por el incumplimiento de los requisitos del art. 13 de la Ley 20/1990, que veremos seguidamente.

El ámbito de aplicación del régimen fiscal especial para las sociedades cooperativas se diferencia en función de su clasificación en uno de estos grupos del siguiente modo: primero, el de las cooperativas protegidas, compuesto por aquellas que se ajustan a los principios y disposiciones de la noma sustantiva que le resulte de aplicación a la cooperativa en cuestión —LCOOP o de las leyes de cooperativas de las comunidades autónomas que tengan competencia en esta materia—, y no incurran en ninguna de las causas previstas en el art. 13 de la Ley 20/1990 sobre pérdida de la condición de cooperativa fiscalmente protegida.

Segundo, el de las cooperativas especialmente protegidas que son las cooperativas de trabajo asociado; cooperativas agrarias; cooperativas de explotación comunitaria de la tierra; cooperativas del mar; cooperativas de consumidores y usuarios que cumplan los requisitos que se exigen a cada tipo específico, regulados en los arts. 9 a 12 de la Ley 20/1990. Como vemos, no cualquier clase de cooperativa puede estar

---

[16] AGUILAR RUBIO, M.: «Sistema tributario y principios cooperativos», en VARGAS VASSEROT, C (dir.): *Una interpretación actualizadora de los principios cooperativos: especial referencia a su recepción y desarrollo en la legislación de Andalucía*, Madrid, Dykinson, 2023, en prensa.

[17] En su exposición de motivos ya adelanta que tienen un régimen especial «que concreta tanto las normas de beneficio, como las de ajuste de las reglas generales de tributación a las particularidades propias del funcionamiento de las cooperativas».

en esta categoría, por lo que habría que ver dónde se encuadran las cooperativas de iniciativa social y de integración social. Si atendemos a la LCOOP, dispone que les serán de aplicación las normas relativas a la clase de cooperativa a la que pertenezcan lo que, en principio, parece indicar que pueden ser cualquiera de las clases de cooperativas recogidas en el art. 6 de esta norma. Sin embargo, en atención a su objeto, entendemos que solo las cooperativas de trabajo asociado, las de consumidores y usuarios serían los modelos cooperativos idóneos y ambos tipos pueden optar a ser calificados como cooperativas especialmente protegidas[18].

Y tercero, el de las cooperativas no protegidas, que solo se podrán aplicar las normas de ajuste técnico del régimen contenido en la Ley 20/1990, mientras que en lo demás, les será de aplicación el régimen general de la LIS.

En consecuencia, dentro de estos grupos, la legislación contempla hasta ocho tipos de cooperativas, cada una de las cuales tiene reglas específicas[19] y compete a la Administración tributaria la comprobación acerca de la concurrencia de las circunstancias o requisitos necesarios para disfrutar de los beneficios tributarios establecidos en la Ley y practicar la regularización que corresponda en la situación tributaria de la cooperativa[20].

---

[18] En este sentido también, Gómez Álvarez, quien especifica, además, la idoneidad de las cooperativas de servicios, sanitarias y de enseñanza, mientras que excluye las cooperativas agroalimentarias, del Mar, de transporte, de crédito, de vivienda y de seguros («La tributación de las cooperativas de iniciativa social y las entidades del tercer sector en el impuesto sobre sociedades. Cuestiones pendientes para una reforma», en: Aguilar Rubio, M. y Vargas Vasserot, C. (dirs.): *Los principios cooperativos...*, *op. cit.*, p. 805).

[19] Tejerizo López abogó por simplificar este amplio espectro, dejando a un lado, eso sí, ciertas cooperativas para las que, por su objeto, puede aceptarse la existencia de normas propias, como es el caso de las cooperativas de crédito («Algunas reflexiones sobre el régimen fiscal de las cooperativas», *CIRIEC-España, Revista Jurídica de Economía Social y Cooperativa*, 2010, núm. 69, p. 67).

[20] El resultado de dichas actuaciones se comunicará a las Corporaciones Locales y Comunidades Autónomas interesadas en cuanto pueda tener trascendencia respecto de los tributos cuya gestión les corresponda, tal y como dispone el art. 38 de la Ley 20/1990.

3.1. Las cooperativas protegidas

El objeto de una cooperativa consiste en el ejercicio en común de una actividad económica. Y como cualquier otra empresa, su actuación no puede perder de vista el mercado, dado que, incluso, en aquellos casos en que la sociedad se configura, porque así lo exija la naturaleza de la actividad o la voluntad de sus miembros, para prestaciones solo entre socios, estará directamente mediatizada por las pautas de este ya que, si no presenta una estructura competitiva y proporciona las prestaciones que constituyen su objeto en mejores condiciones que en aquel, no podrá cumplir el fin social y, por tanto, perderá su razón de ser[21].

El legislador no debe reprobar que una cooperativa, al igual que cualquier sociedad lucrativa, obtenga beneficios sociales de su actividad. Lo que diferencia a la cooperativa es la forma de distribución de estos beneficios. Si en las sociedades de capital, la distribución a los socios se realizará en función del capital aportado, en las cooperativas, después de atender los fondos obligatorios, la adjudicación a sus miembros se realizará en proporción a las operaciones, servicios o actividades realizadas por cada uno en la entidad.

Como vemos, hay un elemento determinante para la comprensión de la interacción entre el régimen sustantivo y el régimen tributario de las sociedades cooperativas, que responde al tercer principio cooperativo de *participación económica por parte de los socios*: la existencia de determinadas obligaciones financieras que, por un lado, inmovilizan recursos y los convierten en irrepartibles, como es la constitución de los fondos sociales obligatorios (que suponen que una porción de lo que cada socio reparte a la empresa nunca lo va a recuperar y que parte de los excedentes empresariales quedan inmovilizados) y, por otro lado, asignan los excedentes a determinados fines limitando los retornos a los socios. También se

---

[21] VARGAS VASSEROT, C., GADEA SOLER, E. y SACRISTÁN BERGIA, F.: *Derecho de las Sociedades Cooperativas. Introducción, constitución, estatuto del socio y órganos sociales*, Madrid, La Ley, 2015, p. 26.

promueve desde el ámbito fiscal el quinto principio cooperativo, relativo a la *educación* y *formación* que las cooperativas
proporcionarán a sus miembros, empleados y directivos y a
la *promoción* de la naturaleza y beneficios de la cooperación
entre el gran público. Esto se pone de manifiesto en los requisitos que exigen hacer las dotaciones al FEP en los supuestos,
condiciones y cuantías previstas en las disposiciones cooperativas, así como aplicar el mismo a las finalidades previstas
por la Ley, so pena de perder la protección fiscal (art. 13, 1 y 3
de la Ley 20/1990). El resto de los principios cooperativos
también se incorporan al ordenamiento tributario, siquiera de
manera indirecta, dado que resulta generalizada la remisión
a los límites, destinos y requisitos que establezcan las leyes
cooperativas que son las normas que deben velar por que las
figuras societarias se adapten a los principios de funcionamiento interno y de relaciones externas que distinguen a las
cooperativas de otros modelos sociales. No obstante, en este
punto, establecen diferencias importantes, debido a que las
normas de segunda y tercera generación han tendido a flexibilizar estas obligaciones a fin de rebajar las cargas que tienen
las cooperativas, sin parangón en relación con otros tipos sociales. Pero estas cuestiones se abordarán con mayor profun-
didad en el siguiente capítulo de esta obra.

La mayoría de las causas de pérdida de la condición
de cooperativa fiscalmente protegida que enumeran los 16
apartados del art. 13 de la Ley 20/1990 está relacionada con
estas cuestiones. A efectos didácticos, se suelen sintetizar en
seis grandes grupos: 1.º las relativos a los fondos obligatorios
(apdos. 1-3); 2.º Las causas relativas al régimen económico
(apdos. 4 y 7); 3.º las que reflejan el papel secundario del capital
en las cooperativas (apdos. 5, 6 y 8); 4.º las causas que acercan
a las cooperativas al principio mutual (apdos. 9-11); 5.º Las
causas relativas al funcionamiento societario (apdos. 12, 13
y 16); y 6.º las causas que suponen motivo de disolución de la
cooperativa (apdos. 14 y 15). Veamos cada una de ellas.

1. No destinar al Fondo de Reserva Obligatorio (en adelante, FRO) una parte de los resultados de las operaciones que
desarrollan las cooperativas (apdo. 1).

La consideración de las actividades de la cooperativa como operaciones con terceros implica, generalmente, que un porcentaje considerable de los rendimientos (no menos de un 25 por 100) debe destinarse al FRO, de acuerdo con las leyes sustantivas que sean de aplicación y sus propios Estatutos. En el caso de que las operaciones fueran calificadas como operaciones con socios, los porcentajes destinados a fondos suelen ser muy inferiores y el resto podría destinarse a retornos o reservas de libre disposición. Cuando la dotación al Fondo de Educación y Promoción (FEP) o equivalentes [22] se hace con cargo a resultados cooperativos, los porcentajes de dotación oscilan entre un 5 y un 10 por 100 y son mayores con cargo a resultados extra-cooperativos.

2. Repartir entre los socios fondos de carácter irrepartible durante la vida de la sociedad y el activo sobrante a su liquidación (apdo. 2).

En realidad, se establecen aquí dos requisitos diferentes, pero que dependen de la misma situación de partida, irrepartibilidad o no de los fondos existentes. Y son las diferentes legislaciones las que la deciden, aunque siempre resulta irrepartible el FEP (o sus equivalentes). En cuanto al FRO, hasta hace poco era normalmente irrepartible, pero ya existen excepciones. Las Leyes andaluza y murciana, por ejemplo, permiten repartirlo solo hasta el 50 por 100, si existe previsión estatutaria en tal sentido. Y en ese caso el reparto no supondrá la pérdida de la condición de protegida, en la medida en que la Ley 20/1990 remite a la repartibilidad de los Fondos que fueran irrepartibles, lo que genera, como he comentado antes, diferencias de trato notables entre las cooperativas.

Distinto es el caso del activo sobrante, puesto que la Ley 20/1990 no se remite a lo que dispongan las distintas leyes cooperativas, sino que su reparto en el momento de la

---

[22] Utilizaremos este nombre ampliamente aceptado, aunque las distintas leyes autonómicas se refieren a él con diferentes denominaciones tales como Fondo de Formación y Sostenibilidad (en la ley andaluza de cooperativas); Fondo de Formación y Promoción (en la Comunidad Valenciana y en Galicia); o Contribución para la Educación y Promoción cooperativa y otros fines de interés público (en la ley de cooperativas de Euskadi).

liquidación supone directamente la pérdida de la condición de protegida. No obstante, para saber qué se entiende por activo sobrante actualmente debemos acudir a las regulaciones que hacen las leyes autonómicas, aunque no exista una remisión expresa, y por tanto, no es fácil determinar qué activo sobrante es el que no debe repartirse[23].

3. Aplicar cantidades del FEP a finalidades distintas de las establecidas en la Ley (apdo. 3).

La obligación de dotar este Fondo está establecida en todas las leyes cooperativas, con unos usos bastante similares, a pesar de las distintas denominaciones que recibe. El incumplimiento del destino del fondo a las finalidades que tiene encomendadas supone una doble consecuencia para la cooperativa: por un lado, pierde la condición de protegida; y, por otro, la cantidad así utilizada se computa como ingreso del ejercicio, en virtud de lo dispuesto en el art. 19 apdo. 4 de la Ley 20/1990. Aquí, quizá, lo más discutido sea qué finalidades son apropiadas para el cumplimiento de los fines del Fondo, esto es, qué pueden financiar las cooperativas a través del fondo que no suponga desvirtuar su finalidad. En este sentido, encontramos ejemplos de lo que se acepta como destino razonable del fondo por parte tanto de la jurisprudencia, en sentencias del Tribunal Supremo, como de la Administración, en resoluciones del Tribunal Económico-Administrativo Central y en contestaciones a consultas vinculantes de la Dirección General de Tributos, lo que ayuda a dotar de seguridad jurídica una cuestión no menor[24].

---

[23] El momento de aplicar el régimen general del IS por la pérdida de la condición de protegida, en este caso, será solo el último ejercicio social puesto que el incumplimiento se produce cuando se acuerde la liquidación, ya que la circunstancia ocurre precisamente cuando la cooperativa cesa en su actividad. Esta situación podría derivar en la responsabilidad subsidiaria de los liquidadores de la cooperativa, prevista en el art. 43.1, letra *c)* la Ley 58/2003, de 17 de diciembre, General Tributaria.

[24] En resoluciones a consultas de la DGT, se ha considerado que no son destinos idóneos para el Fondo de Educación y Promoción: la ayuda escolar para hijos de socios; los gastos que no correspondan a la empresa; los gastos de una coral de los cooperativistas, por ejemplo, los gastos subvencionados por el INEM (ahora SEPE); o las suscripciones a publicaciones y acceso a bases de datos. En

4. Incumplir las normas reguladoras del destino del resultado de la regularización del balance de la cooperativa o de la actualización de las aportaciones de los socios al capital social (apdo. 4).

Como en supuestos anteriores, también nos encontramos con un doble requisito. Primero, en cuanto al destino del resultado de las regularizaciones de balance, no se han dado conflictos con la ley fiscal[25]. Y segundo, la actualización de las aportaciones de los socios al capital social tiene una regulación análoga en las leyes sustantivas. Se establece la regulación del derecho de reintegro a las aportaciones sociales que supone una mayor tutela del socio y refuerza el principio cooperativo de puerta abierta.

5. No imputar las pérdidas del ejercicio o imputarlas contraviniendo la ley, los estatutos o los acuerdos de la Asamblea general (apdo. 7 del art. 13).

En las distintas normas autonómicas, la regulación del orden en la imputación de pérdidas resulta bastante diferente. A pesar de ello, encontramos que la forma más habitual es: primero, imputarlas a las reservas voluntarias, si las hay; segundo, a la reserva obligatoria, con ciertos límites; y, finalmente, imputarlas al socio de forma proporcional a la actividad cooperativizada. No obstante, algunas permiten compensarse con futuros beneficios, antes de su imputación (por ejemplo, la ley murciana) pero en periodos diferentes, entre cinco y quince años. En muchos casos las pérdidas de origen extra-cooperativo se cargan a reservas (como en la ley andaluza). Normalmente, por la vía de pérdidas de origen cooperativo, con cargo al FRO, se pueden sanear pérdidas, si bien suelen establecerse limitaciones en el entorno del 50 por 100 o de la media de las dotaciones durante los cinco últimos años.

---

definitiva, cualesquiera gastos para los que no se justifica su relación con la formación o la promoción del cooperativismo.

[25] Las distintas leyes sustantivas regulan diferentes destinos para la citada regularización, entre las que encontramos que pueden destinarse parcialmente a dotar fondos irrepartibles, a dotar fondos repartibles o para revalorizar las aportaciones.

6. Retribuir las aportaciones al capital social con intereses superiores a los máximos autorizados en las normas legales (apdo. 5).

Las diferentes legislaciones cooperativas fijan una retribución máxima de seis puntos por encima del interés legal del dinero, alguna incluso hasta diez puntos. Hay otras que establecen un porcentaje sobre dicho interés[26]. La propia Ley 20/1990 fija en el art. 18.3 una retribución máxima deducible para la base imponible, que tampoco coincide con las normativas autonómicas (tres puntos por encima del interés legal del dinero para socios y seis puntos para asociados). La cuestión aquí es que, para incurrir en causa de pérdida de la condición de cooperativa protegida, debe superarse el límite establecido en la ley autonómica que corresponda, con lo que el límite de la norma fiscal viene solo a causar confusión[27].

7. Acreditar a los socios los retornos sociales en proporción distinta a las entregas, actividades o servicios realizados con la cooperativa o distribuirlos a terceros no socios (apdo. 6).

Casi la totalidad de las leyes de cooperativas obligan al reparto de retornos en proporción a la actividad cooperativizada. Pero en este caso, la Ley 20/1990 no efectúa una remisión a la ley sustantiva, sino que establece la condición directamente, de manera que, aunque la ley autonómica lo permitiera, se perdería la condición de fiscalmente protegida por incumplir el requisito. Aquí nos encontramos, en la práctica, con que la

---

[26] Así, la ley gallega y la ley aragonesa limitan la remuneración de las aportaciones obligatorias al capital social a tres puntos por encima del tipo de interés legal del dinero. Las leyes extremeña, catalana, vasca, murciana, madrileña y canaria, por su parte, limitan el interés a un máximo de seis puntos del tipo de interés legal del dinero en todo caso. La ley de Andalucía establece que los intereses de estas aportaciones pueden alcanzar ocho puntos por encima de dicho interés en el caso de la persona inversora. Es en la ley de Castilla-La Mancha en la que la remuneración de estas aportaciones, tanto obligatorias como voluntarias, llega a los diez puntos por encima del tipo de interés legal del dinero.

[27] Así, encontramos alguna sentencia que ha considerado que se incurría en causa de pérdida de tal condición por superar el límite establecido en la Ley 20/1990, cuando esa interpretación va en contra del tenor literal del art. 13 apdo. 5.

mayoría de las leyes sustantivas incluyen la opción estatutaria de repartir retornos a los trabajadores asociados, que a estos efectos son terceros no socios.

8. Realizar aportaciones al capital social por encima de los límites legales autorizados (apdo. 8):

En las distintas leyes cooperativas, la concentración de capital máximo en un solo socio oscila entre el 33 por 100 y el 50 por 100, sin que existan problemas de aplicación. El límite más alto lo encontramos, por ejemplo, en la de Castilla La Mancha, que responde a la lógica de que con solo dos socios se puede constituir una cooperativa.

9. No respetar la limitación de la participación en sociedades mercantiles:

Es una realidad extendida que las cooperativas tengan participaciones en Sociedades Limitadas u otras sociedades de capital. Si estas participaciones superan ciertos porcentajes de su capital social, esta sería una causa de pérdida de la protección fiscal según el art. 13.9 de la Ley 20/1990. Esta regulación implica que, para no perder la protección fiscal:

Se puedan tener participaciones inferiores al 10 por 100 del capital social de una mercantil, sin ningún problema.

Se puedan poseer participaciones de hasta el 40 por 100 del capital social, pero entonces, debe justificarse que estas Entidades realizan actividades preparatorias, complementarias o subordinadas a las de la propia cooperativa.

E incluso, se puedan poseer participaciones superiores, siempre que se justifique que estas Entidades realizan esas actividades preparatorias, complementarias o subordinadas a las de la propia cooperativa; o que se justifique que tal participación coadyuva al mejor cumplimiento de los fines sociales cooperativos y no supone una vulneración de los principios fundamentales de actuación de las cooperativas.

Y con base en todo ello, se obtiene una autorización de la Dirección General de Tributos del Ministerio de Hacienda. El conjunto de todas las participaciones no puede exceder del 50 por 100 de los recursos propios de la cooperativa. Este límite conjunto, para todas las participaciones en entidades de naturaleza no cooperativa en posesión de la cooperativa y referido a la situación de sus fondos propios, se superpone al anterior, que era individual para cada participación y relativo al capital social de la entidad participada.

Ninguna ley sustantiva establece una limitación a la participación en el capital social de otras entidades, por lo que constituye un requisito meramente fiscal cuya finalidad principal es evitar el fraude de ley, en especial, que se utilice esta vía para superar el límite de operaciones que se pueden realizar con terceros sin perder la calificación fiscal. La limitación viene referida, por un lado, a la participación en el capital social de entidades no cooperativas, sin considerar entre ellas a las entidades sin ánimo de lucro (fundaciones y asociaciones de utilidad pública), puesto que no tienen consideración de participaciones en el capital social que atribuyan derechos de voto o derechos de participación en beneficios. Y, por otro, a la participación directa de la cooperativa, y no a participaciones indirectas, a través de sociedades, a su vez, participadas por la cooperativa.

La cuestión que más problemas plantea en este caso es la de qué actividades se pueden considerar preparatorias, complementarias o subordinadas a las de la cooperativa. En general, para obtener la autorización, la Administración suele basarse en el fin típico de la cooperativa y exigir que las participaciones en otras sociedades: redunden en beneficio de los socios cooperativistas, desarrollen actividades concurrentes con la cooperativa y contribuyan a alcanzar sus fines[28].

10. Superar el límite de las operaciones que se pueden realizar con terceros (apdo. 10):

La cooperativa debe, en primer término, cumplir con el límite dispuesto en la norma sustantiva que le resulte de aplicación. A estos efectos, habrá que tener en cuenta que las leyes autonómicas regulan, en ocasiones, supuestos específicos de

---

[28] En el ámbito de las cooperativas agroalimentarias, se han considerado actividades preparatorias, complementarias o subordinadas las de producción de energías renovables (tras el cambio operado en 2013), pero no se ha dado este carácter a la actividad inmobiliaria de una cooperativa hortofrutícola, por ejemplo.

operaciones que tendrán la consideración de operaciones internas o actividad cooperativizada[29]. Y, en segundo término, la cooperativa no debe superar el 50 por 100 del total de sus operaciones con operaciones con terceros[30]. Es destacable, no obstante, la posibilidad establecida por la Ley 20/1990, de solicitar un régimen de excepción de estos límites que podrán autorizar los delegados de Hacienda.

11. No contabilizar separadamente estas operaciones (seguimos en el mismo apartado):

El incumplimiento de este requisito conlleva la pérdida de protección fiscal. De hecho, la disposición adicional 6.ª de la ley de cooperativas estatal estableció que las cooperativas que no separaran resultados (incluso si su normativa lo permitía) perderían la condición de fiscalmente protegidas. Tiene sentido en la medida que de ello depende la aplicación del tipo de gravamen reducido a los resultados de la actividad cooperativizada.

12. Contratar trabajadores asalariados en un número superior al autorizado en aquellas clases de cooperativas que lo tenga limitado (apdo. 11):

Afecte a las cooperativas de trabajo asociado y a las de explotación comunitaria de la tierra, para las que se ha establecido un máximo del 20 por 100 del total de sus socios trabajadores, con alguna excepción por jornadas en el art. 10, apdo. 2.

13. Tener un número de socios inferior al previsto en las normas legales sin que se restablezca en un plazo de seis meses (apdo. 12):

---

[29] Entre estos supuestos se cuentan, por ejemplo, operaciones de venta o prestación de servicios para el consumo de sus socios o personas con las que sus socios convivan, operaciones derivadas de acuerdos inter-cooperativos u operaciones de venta de productos o materias desde las cooperativas a las explotaciones de sus personas socias.

[30] Este límite viene referido al total de operaciones de la cooperativa y es lo que ha solido controlar la correspondiente Administración Tributaria. No obstante, cada vez es más frecuente que también controlen de forma previa el cumplimiento de la norma sustantiva de tal forma que, si en esa regulación autonómica el límite es distinto del 50 por 100, podemos encontrar diferencias.

En todas las legislaciones está previsto que esta situación conduzca a la disolución de la cooperativa. El número mínimo de socios trabajadores oscila entre dos o más según los sectores.

14. Reducir el capital social a una cantidad inferior a la cifra mínima establecida estatutariamente sin que se restablezca en un plazo de seis meses.

15. No realizar auditoría externa en los casos legalmente establecidos (recogidos en los apartados 13 y 16, respectivamente).

Por último, las causas que suponen motivo de disolución de la cooperativa están previstas en la práctica totalidad de las leyes sustantivas y son: paralizar la actividad cooperativizada o tener inactivos a los órganos sociales durante dos años sin causa justificada (apdo. 14) y concluir la empresa que constituye su objeto o la imposibilidad de desarrollar la actividad cooperativizada (apdo. 15).

3.2.   Las cooperativas especialmente protegidas

Para estar en la categoría de las especialmente protegidas, una cooperativa, además de no incurrir en las causas de pérdida de protección fiscal del art. 13 de la Ley 20/1990, tiene que pertenecer a una de las clases enumeradas en el art. 7 de la misma norma, que son: cooperativas de trabajo asociado; cooperativas agrarias; cooperativas de explotación comunitaria de la tierra; cooperativas del mar y cooperativas de consumidores y usuarios. Junto a ello, debe cumplir los requisitos establecidos en los arts. 8 a 12 de la Ley 20/1990 para cada una de esas clases de cooperativas. Requisitos, digamos, de mayor exigencia mutualista, relacionados con el tipo de socios, las remuneraciones que perciben o la mayor limitación de trabajadores asalariados y de operaciones con terceros. En ocasiones también se establecen limitaciones al valor del patrimonio de la cooperativa o de los socios.

Tales requisitos, como vemos, se refieren a algunos aspectos ya regulados por la norma sustantiva y conllevan, en algunos casos, una mayor limitación de actuación, lo que, en principio, responde al mayor beneficio fiscal que se les otorga a las cooperativas con este nivel de protección.

Hay que precisar aquí que, tanto las leyes autonómicas como la ley estatal contemplan las cooperativas que realizan más de una actividad cooperativizada. Para que este tipo de cooperativas (integrales en la terminología de la normal estatal, aunque se pueden encontrar distintas denominaciones) sean consideradas especialmente protegidas, deben cumplirse dos condiciones: primera, que todas las actividades deben de estar dentro de las categorías del art. 7 de la Ley 20/1990, puesto que es una lista cerrada; y segunda, que deben cumplir los requisitos de los distintos tipos de cooperativas que se integren en ella.

En este estudio, que se realiza en el marco de las cooperativas como WISEs, vamos a prescindir de las referencias a los tipos o clases de cooperativas que no pueden ser calificadas de iniciativa social ni de integración social y nos vamos a centrar en las de trabajo asociado, que sin duda son la más habituales en el sector, y también en las de consumidores y usuarios, que alguna cooperativa de integración puede constituirse con esta forma de cooperativas. Por su parte, la cooperativa de servicios, que puede ajustarse al objeto social de las cooperativas de iniciativa social y de integración social, como hemos visto antes, podría ser simplemente cooperativa protegida en la medida en que tampoco incumplan los requisitos del citado art. 13 de la Ley 20/1990.

3.2.1. *Las cooperativas de trabajo asociado*

La cooperativa de trabajo asociado es un tipo de cooperativa que es factible que sea calificada de cooperativa de iniciativa social en el marco de la LCOOP y que se impone por algunas leyes autonómicas para ser una cooperativa de iniciativa social (art. 104 de la Ley 2/2023 de Cooperativas de la Comunidad de Madrid) o para ser una cooperativa de integración con social [art. 100.3, letra *b)*] del Reglamento Ley Sociedades Cooperativas Andaluzas. En tal caso, recordemos que para que la cooperativa de trabajo asociado sea considerada especialmente protegida debe cumplir los siguientes requisitos:

1. Que asocien a personas físicas que presten su trabajo personal en la cooperativa para producir en común bienes y servicios para terceros. Cabe señalar que si una persona jurídica, por ejemplo, una fundación, una asociación o incluso una sociedad cooperativa, es social de la cooperativa de trabajo asociado, esta dejaría de tener la calificación de especialmente protegida.

2. Que el importe medio de sus retribuciones totales efectivamente devengadas, incluidos los anticipos y las cantidades exigibles en concepto de retornos cooperativos no excedan del 200 por 100 de la media de las retribuciones normales en el mismo sector de actividad, que hubieran debido percibir si su situación respecto a la cooperativa hubiera sido la de trabajadores por cuenta ajena.

3. Que el número de trabajadores asalariados con contrato por tiempo indefinido no exceda del 20 por 100 del total de sus socios, pero si el número de socios es inferior a cinco, podrá contratarse un trabajador asalariado, y si está entre seis y diez, dos trabajadores asalariados.

El primero de estos requisitos es que asocie solo a personas físicas que presten su trabajo personal[31]. Se requiere, por tanto, que realicen la actividad cooperativizada, pero cabría la existencia de socios colaboradores o asociados que no la realicen, pero coadyuven en ella aportando capital y recibiendo la remuneración correspondiente, sin perder la calificación, siempre que lo contemple la ley sustantiva que sea de aplicación, siempre que no sean personas jurídicas[32].

Ese requisito de reunir solo a personas físicas no es posible cumplirlo si la cooperativa quiere ser calificada como empresa de inserción, porque como vimos en el capítulo an-

---

[31] La mayoría de las legislaciones cooperativas exigen que los socios de las cooperativas de trabajo asociado sean personas físicas, de manera que no habría conflicto con este requisito y la DGT resolvió que la participación de una persona jurídica eliminaba la calificación de especialmente protegida en el supuesto de una cooperativa andaluza (Resolución Vinculante V1559/14, de 13 de junio). No obstante, la ley aragonesa, ya citada, sí que admite expresamente la participación de personas jurídicas.

[32] Resolución Vinculante de la DGT V1339/2009, de 8 de junio.

terior, la Ley 44/2007 para la regulación del régimen de las empresas de inserción (y las leyes autonómicas dictadas para su desarrollo) obligan a que la sociedad esté participada por una entidad promotora [art.5, letra *a)*], lo que significa que la cooperativa de trabajo asociado tendrá un socio persona jurídica, y no podrá ser calificada fiscalmente de cooperativas especialmente protegida. Esto significa, por ejemplo, que una cooperativa de iniciativa social sin ánimo de lucro que sea calificada como empresa de inserción sea fiscalmente peor tratada que una cooperativa de trabajo asociado ordinaria, simplemente porque está participada en el capital social por una entidad sin ánimo de lucro por prescripción legal.

En el caso de que una cooperativa de trabajo asociado quisiera ser un centro especial de empleo, en principio no se plantea este problema, a menos que quiera ser un centro especial de empleo de iniciativa social, porque en este caso, como vimos en el capítulo primero de esta obra, el art. 43.4 de la Ley general de la discapacidad establece que la entidad debe ser participada por una persona jurídica sin ánimo de lucro o de la economía social o una sociedad controlada por algunas de las anteriores; y los porcentajes mínimos de esta participación son mayores (50 por 100) que los porcentajes máximos de capital social que pueden tener los socios colaboradores según las leyes cooperativas (que como máximo son del 45 por 100). Por ello, es técnicamente imposible que haya centros especiales de empleo de iniciativa social con forma de cooperativa, por lo que se ha defendido la reforma de la Ley general de la discapacidad para evitar este sinsentido.

Pero incluso si la participación de una persona jurídica en el capital social de la cooperativa calificada de centro especial de empleo fuera menor y se adaptase a los límites legales de los socios colaboradores, la cooperativa no podría ser considerada especialmente protegida a efectos fiscales porque no cumpliría el requisito de asociar solo a personas físicas. Para evitar esto, que lleva, por ejemplo, a que una cooperativa de iniciativa social sin ánimo de lucro que sea calificada como empresa de inserción sea fiscalmente peor tratada que una cooperativa de trabajo asociado ordinaria, simplemente porque está participada en el capital social por una entidad sin ánimo de lucro o entidad de la economía social, tenemos dos opciones.

Una es hacer una interpretación lasa de este precepto de la Ley 20/1990 y considerar que lo que significa es que los socios cooperadores deben ser todos personas físicas que presten trabajo personal en la cooperativa, pero que se permita otro tipo de socios (por ejemplo, colaboradores) y que estos sean personas jurídicas[33].

La otra opción sería reformar este artículo de la Ley 20/1990 y admitir expresamente la posibilidad de que haya socios personas jurídicas en las cooperativas de trabajo asociado sin que esto le hiciera perder la calificación fiscal de especialmente protegidas. Esto precisamente, lo que hacen las normas forales vascas sobre el régimen fiscal de las cooperativas, que cuando tratan de este requisito hablan de que las cooperativas de trabajo asociado se considerarán especialmente protegidas cuando, junto a otros requisitos, «asocien principalmente» a personas físicas que presten su trabajo personal en la cooperativa (art. 5.1 Norma Foral 6/2018 de Bizkaia; art. 6.1 Norma Foral 16/1997 de Álava; y art. 6.1 Norma Foral 2/1997 de Gipuzkoa). También se podría modificar el art. 8.1 de la Ley 20/1990 haciendo una alusión expresa a la excepción cuando la cooperativa sea calificada como empresa de inserción, como propusimos *supra* para los centros especiales de empleo[34]. Precisamente de las pocas veces que se ha refor-

---

[33] No parece que pueda ser el caso porque la Dirección General de Tributos ha considerado que la participación de una persona jurídica elimina la calificación de especialmente protegida (como en la Resolución Vinculante V1559-14, de 13 de junio). Y aunque ha admitido que puedan tener socios colaboradores, si así lo prevé la ley sustantiva autonómica reguladora, no pueden ser personas jurídicas si se quiere conservar la calificación (Resolución Vinculante V1339-09, de 8 de junio).

[34] En este sentido, ALGUACIL MARÍ, M.P.: «La tributación de las empresas de inserción», *Revista del Ministerio de Trabajo y Economía Social*, núm. 150, 2021, p. 61, propone añadir al art. 8.1 de la Ley 20/1990 en el siguiente texto: «En el caso de las cooperativas que estén calificadas como empresas de inserción, de acuerdo con el art. 7 de la Ley 44/2007, de 13 de diciembre, podrán ser también socios las Entidades promotoras contempladas en el art. 6 de la citada ley».

mado la Ley 20/1990 fue para permitir que las cooperativas agroalimentarias pudieran asociar a personas, físicas o jurídicas, titulares de explotaciones agrícolas para tener la consideración de especialmente protegidas a través de un nuevo art. 9.1 [35].

Pero también sería necesario modificar las leyes autonómicas de cooperativas que la mayoría exigen que los socios de las cooperativas de trabajo asociado sean personas físicas (art. 84.1 de la Ley de Sociedades Cooperativas Andaluzas; art. 89.1 de la Ley de Cooperativas de la Comunidad Valenciana; art. 130.1 de la Ley de Cooperativas de Cataluña), algo que no ocurre en la LCOOP que admite la existencia de socios colaboradores (art. 80.1) y en varias leyes autonómicas (art. 72 de la Ley de Cooperativas de Aragón). Cabe señalar que una de las pocas veces que se ha reformado la Ley 20/1990 desde su promulgación hace más de treinta años, fue en 2013 para quitar el requisito original que se exigía a las cooperativas agroalimentarias de asociar solamente «personas físicas» titulares de explotaciones agrícolas para ser especialmente protegidas.

El otro requisito para que una cooperativa de trabajo asociado sea calificada de especialmente protegida consiste en limitar la contratación de trabajadores no socios a los porcentajes máximos legalmente establecidos, que distinguen entre trabajadores indefinidos y el resto. Entre los primeros, el máximo permitido es un 20 por 100 de los socios de la cooperativa, aunque si el número de socios es inferior a cinco se podrá contratar a un trabajador indefinido y si el número de socios está entre seis y diez se podrán contratar a dos trabajadores indefinidos [36]. Y para los trabajadores bajo cualquier otra forma de contrata-

---

[35] La disposición final tercera de la Ley 13/2013, de fomento de la integración de cooperativas y de otras entidades asociativas de carácter agroalimentario, dio la siguiente redacción del art. 9 Ley 20/1990: «Se considerarán especialmente protegidas las cooperativas agroalimentarias que cumplan los siguientes requisitos: 1. Que asocien a titulares de explotaciones agrícolas, forestales, ganaderas o mixtas, situadas dentro del ámbito geográfico al que se extienda estatutariamente la actividad de la cooperativa».

[36] También hay que tener en cuenta que, según instrucciones de la Agencia Tributaria, si existen trabajadores indefinidos a tiempo parcial, deberá tomarse en

ción, sus jornadas laborales no pueden superar el 25 por 100 del total de las jornadas legales de trabajo realizadas por los socios trabajadores en cada ejercicio económico. Dentro de estos porcentajes no se considerarán los trabajadores con contrato de trabajo en prácticas, para la formación en el trabajo o bajo cualquier otra fórmula establecida para la inserción laboral de jóvenes; los socios en situación de suspensión o excedencia y los trabajadores que los sustituyan. Como se observa, no se incluye en esta relación de personas que no se contabilizan en el porcentaje de trabajadores no socios que tenga discapacidad, algo que regulaba expresamente para las sociedades laborales el art. 1.2, letra *c)* LSLP, cuando el grado de discapacidad fuera igual o superior al 33 por 100, algo que sería recomendable incluir en la normativa fiscal de las cooperativas para favorecer su calificación como centros especiales de empleo.

3.2.2. *Las cooperativas de consumidores y usuarios*

Los requisitos aplicables a las cooperativas de consumidores y usuarios, que es un tipo de cooperativa que también se puede utilizar para crear una cooperativa de iniciativa social y una cooperativa de integración (excepto en las leyes autonómicas que imponen que sean necesariamente cooperativas de trabajo asociado como son, por ejemplo, las de Madrid y la de Aragón) para que puedan aplicarse los beneficios fiscales correspondientes a las cooperativas especialmente protegidas se refieren, según el art. 12 de la Ley 20/1990:

— A los socios, que serán personas físicas. Se plantean aquí los mismos problemas vistos para las cooperativas de trabajo asociado calificadas como empresas de inserción o como centros especiales de empleo de iniciativa social por la necesaria participación de una entidad sin ánimo de lucro en su capital social, por lo que insistimos en la recomendación de la reforma de este apartado para permitir, en ciertos casos, la existencia de socios personas jurídicas.

---

cuenta la jornada contratada en relación con la jornada completa (por ejemplo, un trabajador indefinido a media jornada computaría como 0,5).

— Al objeto, que se ciñe a procurar bienes en las mejores condiciones de calidad, información y precio.

— A las retribuciones totales de los socios de trabajo que, incluyendo los retornos cooperativos a que tuvieran derecho, en su caso, no pueden exceder del 200 por 100 de la retribución normal en el mismo sector, por remisión al art. 8.2 de la Ley, que regula la cuestión para las cooperativas de trabajo asociado.

— A las operaciones con terceros, de modo que las ventas efectuadas a personas no asociadas no pueden superar el 10 por 100 del total de las realizadas por la cooperativa en cada ejercicio económico o del 50 por 100, si existe previsión estatutaria en tal sentido.

En último término, establece que «no serán de aplicación las limitaciones del apartado anterior, ni las establecidas en el art. 13.10, a aquellas cooperativas que tengan un mínimo de 30 socios de trabajo y, al menos, 50 socios de consumo por cada socio de trabajo, cumpliendo respecto de estos con lo establecido en el art. 8.3», ya expuestos.

3.3.   Las cooperativas no protegidas fiscalmente

En virtud de lo dispuesto en el art. 6.1 de la Ley 20/1990, una cooperativa no estará fiscalmente protegida cuando no cumpla los requisitos para ser considerada protegida, y que son: primero, ajustarse a los principios y disposiciones de la ley sustantiva que les corresponda; y segundo, no incurrir en ninguna de las causas previstas en el art. 13 de la Ley 20/1990, que supone quedarse fuera de los beneficios fiscales de esta ley y que, en consecuencia, se les aplique el régimen general del IS.

Por tanto, la cooperativa no protegida será aquella que pierda la protección, de la que disfruta, en principio, toda cooperativa constituida con arreglo a la ley. Además, al no establecerse el régimen de protección fiscal como opcional para las cooperativas en la Ley 20/1990, parece que debemos entender que es obligatorio si se cumplen los requisitos.

Por último, cabe preguntarse cuándo y cómo puede recuperarse la condición de fiscalmente protegida. La Ley 20/1990 no lo prevé expresamente, pero se entiende que, al no haber plazo mínimo de pérdida de la protección, se podrá aplicar de nuevo el régimen especial cuando deje de incurrirse en la causa de pérdida de protección.

4. RÉGIMEN TRIBUTARIO GENERAL DE LAS COOPERATIVAS

En el ordenamiento tributario español constituyen la normativa estatal reguladora de las cooperativas, la citada Ley 20/1990 y en la LIS[37], que será de aplicación supletoria en todo aquello no previsto en la primera[38]. Nos vamos a centrar en este tributo, dado que es al que se refieren las principales especialidades del régimen tributario aplicable a las cooperativas, aunque la Ley 20/1990 establece beneficios fiscales para este tipo social en el ITPAJD y en algunos tributos municipales[39].

---

[37] El art. 7.1, letra *a)* de esta Ley recoge a las sociedades cooperativas como sujetos pasivos del IS.

[38] Estas normas se aplican en las denominadas Comunidades Autónomas de régimen general. Vamos a dejar de lado en este estudio las leyes forales sobre la materia: la Ley Foral 9/1994 de Régimen Fiscal de Cooperativas Navarras; la Norma Foral 2/1997 de Régimen Fiscal de Cooperativas del territorio histórico de Guipúzcoa; la Norma Foral 9/1997 de Régimen Fiscal de Cooperativas del territorio histórico de Vizcaya; y la Norma Foral 16/1997 de Régimen Fiscal de Cooperativas del territorio histórico de Álava. No obstante, es imprescindible tener en cuenta su existencia y la distinción a nivel tributario entre Comunidades Autónomas de régimen general y los territorios forales.

[39] En el ITPAJD se establecen exenciones respecto de los actos de constitución, ampliación de capital, fusión y escisión; la constitución y cancelación de préstamos; las adquisiciones de bienes y derechos que se integren en el Fondo de Educación y Promoción para el cumplimiento de sus fines. Y para las especialmente protegidas, exención para las operaciones de adquisición de bienes y derechos destinados directamente al cumplimiento de sus fines sociales y estatutarios. En los tributos locales, gozarán de una bonificación del 95 por 100 de la cuota, y en su caso de los recargos, en los siguientes tributos: Impuesto sobre Actividades Económicas (IAE); IBI en los bienes de naturaleza rústica de las Cooperativas Agrarias y de Explotación Comunitaria de la Tierra.

En el ITPAJD se establecen exenciones respecto de los actos de constitución, ampliación de capital, fusión y escisión; la constitución y cancelación de préstamos; las adquisiciones de bienes y derechos que se integren en el Fondo de Educación y Promoción para el cumplimiento de sus fines. Y para las especialmente protegidas, exención para las operaciones de adquisición de bienes y derechos destinados directamente al cumplimiento de sus fines sociales y estatutarios. En los tributos locales, gozarán de una bonificación del 95 por 100 de la cuota, y en su caso de los recargos, en los siguientes tributos: Impuesto sobre Actividades Económicas (IAE); IBI en los bienes de naturaleza rústica de las Cooperativas Agrarias y de Explotación Comunitaria de la Tierra, que poco parece interesa, en principio, para las cooperativas de iniciativa social o de integración social.

Si atendemos a la exposición de motivos de la Ley 20/1990, el régimen fiscal especial resultante responde a los siguientes principios: 1.º) Fomento de las sociedades cooperativas en atención a su función social, actividades y características; 2.º) Coordinación con otras parcelas del ordenamiento jurídico y con el régimen tributario general de las personas jurídicas; 3.º) Reconocimiento de los principios esenciales de la institución cooperativa; 4.º) Globalidad del régimen especial que concreta tanto las normas de beneficio como las de ajuste de las reglas generales de tributación a las peculiaridades propias del funcionamiento de las cooperativas; y 5.º) Carácter supletorio del régimen tributario general propio de las personas jurídicas.

Pero no debemos perder de vista que la Ley 20/1990, aunque con ligeras modificaciones, ha sobrevivido a cuatro leyes del IS. Nació bajo la vigencia de la Ley 61/1978, de 27 de diciembre, del Impuesto sobre Sociedades y se ha mantenido a pesar de que en estos veinticinco años se han promulgado la Ley 43/1995, de 27 de diciembre, del Impuesto sobre Sociedades; el Real Decreto Legislativo 4/2004, de 5 de marzo, por el que se aprueba el texto refundido de la Ley del Impuesto sobre Sociedades; y actualmente la LIS. Esto la hace adolecer del pretendido carácter de sistema ordenado y coherente, sustentado en principios comunes y armónicos, como exige el art. 31.1 CE respecto del sistema tributario en su conjunto[40]. Y si no se ha abordado una completa y significativa reforma del régimen que la misma regula no es por su pacífica aceptación, sino por los temores y reticencias del sector cooperativo de no obtener una mejora en las condiciones tributarias de las cooperativas y por una dejación por parte de los sucesivos gobiernos que no han dado la importancia que merece al tratamiento fiscal de las cooperativas.

El régimen fiscal de las sociedades cooperativas se caracteriza por contener dos tipos de normas: en primer lugar, normas técnicas o de ajuste en el IS, que no suponen la existencia de beneficio fiscal alguno, sino que pretenden adaptar las normas contenidas en las leyes tributarias, elaboradas tomando como referencia el modelo societario de capital, a la especial idiosincrasia de las cooperativas; y, en segundo lugar, normas de incentivo fiscal, que regulan bonificaciones para las sociedades cooperativas en el citado impuesto y en ITPAJD así como en el IBI y el IAE locales, y que se encuentran regulados, por un lado, en el art. 33 (cooperativas protegidas) y en el art. 34 de la Ley 20/1990 (cooperativas especialmente protegidas) (ver tabla 1).

De la conjunción de ambos tipos de normas, el régimen especial de las cooperativas en el IS quedaría como sigue:

La base imponible se fragmenta en dos por la obligación de distinguir contablemente los resultados cooperativos, que son obtenidos por la cooperativa en el desarrollo de su objeto social con sus propios socios y los resultados extracooperativos, que provienen de las operaciones con terceros.

---

[40] RODRIGO RUIZ, M.A.: «Consideraciones sobre el régimen fiscal de las cooperativas problemas actuales y líneas de reforma», *CIRIEC-España, Revista Jurídica de Economía Social y Cooperativa*, 2010, núm. 69, p. 11, quien no sin ironía, la califica como «un raro prodigio de longevidad que contrasta con la variabilidad extrema y precipitada que asola por lo común la legislación tributaria». A lo que yo añadiría también la volatilidad del propio Derecho cooperativo autonómico, caracterizado por leyes cooperativas que «ofertan» normativas cada vez más permisivas y menos cooperativas (PANIAGUA ZURERA, M.: «La evolución legislativa de las organizaciones de producción de participación», AA. VV.: *40 años de historia de las empresas de participación*, Madrid, Verbum, 2012, pp. 81-82).

TABLA 1. *Resumen normas de ajuste
y de incentivo fiscal para las cooperativas*

Normas de ajuste	Beneficios fiscales
En la base imponible del IS: – División de los resultados cooperativos y extra-cooperativos – Minoración del 50 % de la parte de los resultados que se destine obligatoriamente al FRO – Deducción de las cantidades destinadas obligatoriamente FEP y a cubrir los intereses de que son acreedores los socios y demás aportantes de capital. – Valoración de las operaciones cooperativizadas En la cuota del IS: – Compensación de pérdidas	Para *cooperativas protegidas* En el IS: – Doble tipo de gravamen – Libertad de amortización En el ITPAJD En impuestos locales
Se aplican a *todas las cooperativas*.	Para *cooperativas especialmente protegidas* En el IS: más bonificación en la cuota del 50 % En el ITPAJD. En impuestos locales.

La necesidad de distinguir entre resultados cooperativos y extracooperativos supone un coste añadido que eleva de manera notable la llamada presión fiscal indirecta, por lo que no supone trato de favor.

El 50 por 100 de la parte de unos y otros que se destine obligatoriamente al FRO y lo que se destine al FEP son deducibles de la base imponible[41].

«La parte de la base imponible que corresponde a los resultados cooperativos tributa al 20 por 100 (al 25 por 100 para

---

[41] La consideración de estas partidas como gasto no es exclusiva de las cooperativas. También se prevén beneficios similares para otros sujetos (art. 24 de la LIS para las Cajas de Ahorro).

las cooperativas de crédito) y la parte que corresponde a los resultados extracooperativos tributa al tipo general del IS[42]».

Las cooperativas gozan de libertad de amortización de los elementos del activo fijo nuevos que hayan sido adquiridos en el plazo de tres años a partir de la inscripción en el Registro de Cooperativas y Sociedades Anónimas Laborales del Ministerio de Empleo y Seguridad Social, o, en su caso, de las comunidades autónomas[43] (a excepción de las cooperativas de crédito)[44].

El procedimiento de compensación de pérdidas se traslada a la cuota: si la suma algebraica de las cantidades resultantes de aplicar los tipos de gravamen correspondientes a las bases imponibles derivadas de los resultados cooperativos y extracooperativos, positivas o negativas, resultase negativa, su importe podrá compensarse por la cooperativa con las cuotas íntegras positivas de los periodos impositivos sucesivos.

Dejando de lado la cuestión de si es mejor una deducción en la cuota (como se regula para las cooperativas) o en la base (norma general contenida en el art. 26 de la LIS), se

---

[42] Como muestra de la obsolescencia de la Ley 20/1990, podemos señalar que el tipo de gravamen general en el año 2014 se encontraba en un 30 por 100. Con la promulgación de la vigente LIS, en el año 2015 se reduce a un 28 por 100, pero a partir del año 2016 el tipo de gravamen se reduce al actual 25 por 100. Si ponemos esto en relación con el tipo de gravamen bonificado del 20 por 100 que establece el art. 33 de la Ley 20/1990 —aplicable exclusivamente a la base imponible correspondiente a los resultados cooperativos—, vemos que las reducciones operadas en el tipo general del impuesto para los periodos impositivos iniciados a partir de 2008 (que supuso bajar del 35 por 100 al 30 por 100) y después a partir de 2015 (que supondrá bajar del 30 por 100 al 25 por 100 en 2016) no se ha visto acompañada de una reducción similar en los tipos bonificados, por lo que el trato fiscal favorable otorgado a los resultados cooperativos se ha hecho menos evidente (art. 29 de la LIS). A mayor abundamiento, los tipos aplicables a las cooperativas son muy similares a los que soportan las PYMES, las cuales constituyen el grueso de los contribuyentes del impuesto en España.

[43] La cantidad fiscalmente deducible en concepto de libertad de amortización, una vez practicada la amortización normal de cada ejercicio en cuantía no inferior a la mínima, no podrá exceder del importe del saldo de la cuenta de resultados cooperativos disminuido en las aplicaciones obligatorias al y participaciones del personal asalariado.

[44] Parecido tratamiento se otorga a las empresas de reducida dimensión (art. 102 de la LIS).

equipara a las cooperativas con el resto de sociedades en la medida en que la LIS establece la compensación de pérdidas sin límite temporal[45]. La regulación que hace el art. 24,1 Ley 20/1990 —en la redacción dada por el apartado 1 del apartado 3 de la disposición final cuarta de la LIS, con efectos para los periodos impositivos que se inicien a partir de 1 de enero de 2015— sustituirá, en este supuesto, a la que contiene el art. 26 de la LIS como consecuencia de la diferente tributación de los resultados cooperativos y extracooperativos (así lo establece expresamente el apartado 2 del mismo precepto). Por tanto, «si la suma algebraica a que se refiere el artículo anterior resultase negativa, su importe podrá compensarse por la cooperativa con las cuotas íntegras positivas de los periodos impositivos siguientes, con el límite del 60 por 100 de la cuota íntegra previa a su compensación. En todo caso, serán compensables en el periodo impositivo cuotas íntegras por el importe que resulte de multiplicar un millón de euros al tipo medio de gravamen de la entidad». Como puede verse, se deroga el plazo para compensar contenido en la anterior regulación[46].

En el caso de las cooperativas especialmente protegidas, existen incentivos fiscales adicionales que consisten con carácter general en una bonificación del 50 por 100 de la cuota íntegra minorada previamente, en su caso, por las cuotas negativas de ejercicios anteriores pendientes de compensar.

Para las cooperativas de trabajo asociado que cumplan determinados requisitos, se prevé una bonificación del 90 por 100 (durante cinco años) de la cuota íntegra. Esta

---

[45] Hasta 2014 el plazo de compensación era de un máximo de dieciocho años para las sociedades de capital y de quince años para las cooperativas.

[46] Este plazo solo se contempla ya para limitar a diez años el derecho de la Administración para comprobar o investigar las cuotas negativas pendientes de compensación, a contar desde el día siguiente a aquel en que finalice el plazo establecido para presentar la declaración o autoliquidación correspondiente al periodo impositivo en que se generó el derecho a su compensación. Transcurrido dicho plazo, el contribuyente deberá acreditar que las cuotas negativas cuya compensación pretenda resultan procedentes, así como su cuantía, mediante la exhibición de la liquidación o autoliquidación y de la contabilidad, con acreditación de su depósito durante el citado plazo en el Registro Mercantil (art. 24.1 *in fine*).

bonificación sí son beneficios sustanciales pero el ordenamiento tributario español está lleno de exenciones similares.
Podemos citar algunos ejemplos como que las Agrupaciones
de interés económico y las Uniones temporales de empresas
estén exentas del impuesto o que el gravamen de las sociedades de inversión inmobiliaria de capital variable, con determinadas condiciones, sea del 1 por 100.

En vista de la situación descrita, se comprende fácilmente
que el régimen haya recibido duras críticas desde el principio.
Y estas no se centran solo en que el régimen fiscal especial
de las cooperativas ya no sea tan favorable como pudo serlo
en 1990, sino también en que el disfrute de los regímenes de
protección fiscal y, sobre todo, de especial protección fiscal,
están sometidos a unas exigencias tan duras que las más de las
veces resultan paradójicamente desincentivadoras de la toma
de iniciativas empresariales, sociales o laborales[47]. Algunos
de los aspectos más controvertidos se centran en las enormes
limitaciones a la actividad desarrollada por las cooperativas
especialmente protegidas en orden a la actividad desarrollada o la fragmentación de la base imponible y el doble tipo
de gravamen que genera controversias para determinar qué
tipo de resultados pertenecen a operaciones con socios y no
socios, que desoyen en cierto modo los fines sociales de la
cooperativa[48].

Para Alguacil Marí, la protección fiscal de las cooperativas no puede obviar la búsqueda de la eficacia económica
que toda empresa persigue cuando actúa en un mercado com-
petitivo y, por tanto, la necesidad de establecer contratos no
solo con sus socios, sino con terceros dentro de unos límites.
De este modo, las cooperativas pueden ser más competitivas,
permitiendo a los socios conseguir mejores precios para sus

---

[47] Por todos, RODRIGO RUIZ, M.A.: «Consideraciones sobre el régimen fiscal de las cooperativas problemas actuales y líneas de reforma», *CIRIEC-España,
Revista Jurídica de Economía Social y Cooperativa*, núm. 69, 2010, p. 15.

[48] Por todos, ALGUACIL MARÍ, M.P.: «La tributación de las empresas de
participación de los trabajadores: cooperativas de trabajo y sociedades laborales. Apuntes para una reforma», *REVESCO: Revista de Estudios Cooperativos*,
núm. 102, 2010, pp. 43-44.

productos de consumo o para los factores de producción que aportan a la sociedad, de los que conseguirían en el mercado libre. Por supuesto, este resultado es compatible con el fomento del cooperativismo mediante una legislación adecuada a tenor del art. 129.2 de la CE[49].

Tabla 2. *Resumen de los beneficios fiscales*
para las cooperativas

BENEFICIO	*Protegidas*	*Especialmente protegidas* **Todas las anteriores y:**
IMPUESTO SOBRE SOCIEDADES (estatal no cedible a las comunidades autónomas)		
Tipo de gravamen	Resultados cooperativos: 20% Resultados extracooperativos: 25%	
Libertad de amortización	Para los elementos de activo fijo nuevo amortizable, adquiridos en el plazo de tres años a partir de la fecha de su inscripción en el Registro correspondiente.	
Cuota tributaria	Las establecidas con carácter general en la LIS con algunas especialidades	
		50% de la cuota íntegra
IMPUESTOS DIRECTOS (locales)		
Impuesto sobre Actividades Económicas	Bonificación del 95% sobre cuota y recargos	
Impuesto sobre Bienes Inmuebles	Bonificación del 95% sobre cuota y recargos, para sociedades cooperativas agrarias y de explotación comunitaria	

---

[49] Alguacil Marí, M. P.: «Beneficios tributarios de las cooperativas tras la Ley Estatal 27/1999», *Revista de Derecho Financiero y Hacienda Pública*, núm. 202, 2001, p. 958.

BENEFICIO	*Protegidas*	*Especialmente protegidas* **Todas las anteriores y:**
IMPUESTOS INDIRECTOS		
Impuesto sobre Transmisiones Patrimoniales y Actos Jurídicos Documentados (del Estado cedido a las Comunidades Autónomas)	Exenciones de: Adquisiciones de bienes y derechos que se integran el FEP: Actos de constitución, ampliación de capital, fusión y escisión [50] Constitución y cancelación de préstamos [51] Adquisiciones de bienes y derechos cuando, por tratarse de operaciones sujetas a IVA, se someterían a gravamen por este tributo de no mediar tal exención	Exención de: Adquisiciones de bienes y derechos destinados directamente a cumplir sus fines sociales y estatutarios

---

[50] Como sabemos, esta exención no es específica de las cooperativas sino que está generalizada a todo tipo de entidades desde la modificación del art. 45.I.B).11 del texto refundido de la Ley ITPAJD operada por Real Decreto-ley 13/2010, según el que estarán exentas: «La constitución de sociedades, el aumento de capital, las aportaciones que efectúen los socios que no supongan aumento de capital y el traslado a España de la sede de dirección efectiva o del domicilio social de una sociedad cuando ni una ni otro estuviesen previamente situados en un Estado miembro de la Unión Europea». Por lo que ya no es una ventaja fiscal respecto a otras sociedades que nada tienen que ver con la economía social.

[51] Esta exención solo tenía virtualidad en la modalidad AJD, ya que la exención de los préstamos en TPO ya estaba establecida para todos los sujetos pasivos, y no solo las cooperativas. Por lo que, con virtud en dicho precepto, estaban exentas las cooperativas en la constitución de los préstamos hipotecarios para el caso de la cuota variable de AJD correspondiente a la escritura de constitución de una hipoteca en garantía de un préstamo concedido para la construcción de viviendas por la cooperativa. El Real Decreto-ley 17/2018, de 8 de noviembre, que modifica el art. 29 del del texto refundido de la Ley ITPAJD, determinó que el sujeto pasivo de AJD en préstamos hipotecarios es el prestamista y no el prestatario (tal y como entendía la jurisprudencia, al interpretar el concepto de "beneficiario"): «Será sujeto pasivo el adquirente del bien o derecho y, en su defecto, las personas que insten o soliciten los documentos notariales, o aquellos en cuyo interés se expidan. Cuando se trate de escrituras de préstamo con garantía hipotecaria, se

5. TRIBUTACIÓN EN EL IMPUESTO SOBRE EL VALOR AÑADIDO

Las cooperativas que realicen prestaciones sociales, como son las cooperativas de iniciativa social y las cooperativas de integración social también podrán beneficiarse de una exención en el IVA para dichas prestaciones, tal y como recoge el art. 20.1.8.ª LIVA. Recordemos que en dicho art. 20 se distinguen actividades exentas que no necesitan un reconocimiento expreso de Hacienda, otras que sí necesitan dicho reconocimiento y las prestaciones de servicios realizadas por entidades de carácter social que requieren el reconocimiento de dicho carácter.

En particular, el apartado 8.º del art. 20.1 de la LIVA dispone que estarán exentas de este impuesto las prestaciones de servicios de asistencia social que se indican a continuación efectuadas por entidades de Derecho público o entidades o establecimientos privados de carácter social: *a)* Protección de la infancia y de la juventud. Se considerarán actividades de protección de la infancia y de la juventud las de rehabilitación y formación de niños y jóvenes, la de asistencia a lactantes, la custodia y atención a niños, la realización de cursos, excursiones, campamentos o viajes infantiles y juveniles y otras análogas prestadas en favor de personas menores de veinticinco años de edad; *b)* Asistencia a la tercera edad; *c)* Educación especial y asistencia a personas con minusvalía; *d)* Asistencia a minorías étnicas; *e)* Asistencia a refugiados y asilados; *f)* Asistencia a transeúntes; *g)* Asistencia a personas con cargas familiares no compartidas; *h)* Acción social comunitaria y familiar; *i)* Asistencia a ex-reclusos; *j)* Reinserción social y prevención de la delincuencia; *k)* Asistencia a alcohólicos y toxicómanos; *l)* Cooperación para el desarrollo.

---

considerará sujeto pasivo al prestamista». Por tanto, a partir de entonces, y dado que la cooperativa ya no es el sujeto pasivo, en los préstamos hipotecarios en los que sea prestataria, el prestamista estará sujeto al AJD y la cooperativa soportará su repercusión en el precio.

A efectos de lo dispuesto en este artículo, el art. 20.3 de la LIVA establece que se considerarán entidades o establecimientos de carácter social aquellos en los que concurran los siguientes requisitos: 1.º Carecer de finalidad lucrativa y dedicar, en su caso, los beneficios eventualmente obtenidos al desarrollo de actividades exentas de idéntica naturaleza: 2.º Los cargos de presidente, patrono o representante legal deberán ser gratuitos y carecer de interés en los resultados económicos de la explotación por sí mismos o a través de persona interpuesta. 3.º Los socios, comuneros o partícipes de las entidades o establecimientos y sus cónyuges o parientes consanguíneos, hasta el segundo grado inclusive, no podrán ser destinatarios principales de las operaciones exentas ni gozar de condiciones especiales en la prestación de los servicios.

Este último requisito, de que los socios y sus familiares no puedan ser destinatarios no se aplica para las prestaciones exenta del art. 20.1.8º, tras la modificación del art. 20.3 por la Ley 17/2012 de Presupuestos Generales del Estado para el año 2013, por lo que las cooperativas de iniciativa social no tienen que cumplir con ella. Los otros dos requisitos: no tener lucro y reinvertir los beneficios obtenidos a actividades de idéntica naturaleza y que los cargos de presidente y demás representantes legales sean gratuitos y carecer de interés en los resultados económicos de la explotación, son de natural cumplimiento por las cooperativas de iniciativa social puesto que como son, a su vez, cooperativas sin ánimo de lucro, el desempeño de los cargos del consejo rector debe tener carácter gratuito y los resultados positivos que se produzcan no pueden ser distribuidos entre los socios (disp. adic. 1.ª LCOOP).

Por su parte, tal como establece el art. 6 del LIVA, la calificación como entidad o establecimiento privado de carácter social de la cooperativa, podrá obtenerse mediante solicitud a la AEAT, dirigida a la Delegación o Administración de esta, en cuya circunscripción territorial esté situado su domicilio fiscal. Cabe señalar que el texto de este precepto (que originalmente decía que deberán solicitar el reconocimiento) se cambió en 2013 para adaptarse a la jurisprudencia comunitaria de la época que estableció que no se podría condicionar estas exenciones a su reconocimiento previo, por lo que se aplicarán a las operaciones que cumplan los requisitos objetivos y subjetivos regulados en la norma.

Como se ha dicho[52], esta exención, en realidad, no es un beneficio fiscal para la cooperativa, ya que le impide deducir el IVA soportado por las compras de bienes o servicios, sino que es un beneficio pensado para las personas con dificultades a las que van dirigidos los servicios que presta la cooperativa. Por ello, la exención del IVA no supondría ningún beneficio fiscal sino un sobrecoste, por lo que como propuesta de *lege ferenda* sería aconsejable reducir los tipos del gravamen o posibilitar la devolución de las cuotas soportadas[53]. Además, las exenciones del IVA al aplicarse normalmente en la última fase de producción o distribución y la no repercusión del impuesto va a implicar que aquellas entidades a las que les sea reconocida se comporten como consumidores finales. Por esta razón, como se ha apuntado[54], habrá ocasiones en que resulte interesante obtener esta exención y en otras no, dado que implicaría una reducción de la renta disponible final de la entidad. La principal ventaja que se percibe de la aplicación de estas exenciones es que el precio final de los servicios que preste la cooperativa puede ser inferior por no estar gravados con el impuesto, lo que puede hacer a estas sociedades más competitivas con relación al precio de oferta en el mercado de sus servicios de otros competidores.

---

[52] BONET SÁNCHEZ, M. P.: «Empresas de inserción: razones para una fiscalidad específica», *CIRIEC-España. Revista jurídica de economía social y cooperativa,* 2010, núm. 21, p. 22.

[53] *Ibid,* p. 30.

[54] MÉNDEZ TERROSO, I.: «Incentivos fiscales de los Centros Especiales de Empleo», *Revista del Ministerio de Trabajo y Asuntos Sociales,* núm. 56, 2005, p. 123.

CONCLUSIONES
Y PROPUESTAS DE REFORMA

La política fiscal puede ser un instrumento eficaz para fomentar y desarrollar el modelo de empresa con propósito social puesto que, este tipo de medidas, bien articuladas, son adecuadas y proporcionadas a la incidencia económica y a la dimensión social de las WISEs y pueden ser un mecanismo eficaz para compensar la internalización de costes sociales en el seno de estas, a la vez que para fomentar su constitución y desarrollo[1].

Dentro del panorama de crisis económicas mundiales, que venimos encadenado desde 2008 por diferentes causas, la fiscalidad ha recobrado un destacado papel como uno de los instrumentos paliativos para actuar sobre los efectos de ralentización del crecimiento económico[2]. Desde esta perspectiva, la fiscalidad emerge como uno de los límites al beneficio

---

[1] Así lo entiende HINOJOSA TORRALVO, J.J.: «Fiscalidad y financiación de las cooperativas: ¿a qué juega la Unión Europea?», *CIRIEC-España, Revista de Economía Pública, social y cooperativa*. núm. 69, 2010, p. 76.

[2] Consideraciones de PATÓN GARCÍA con relación a la crisis económica de 2008-2014 pero que entendemos plenamente vigentes en la situación actual («La fiscalidad de las cooperativas desde la perspectiva de la internacionalización de la economía social y el desarrollo sostenible», *Revista de la Facultad de Derecho de PUCP*, núm. 72, 2014, p. 128).

económico —cuya búsqueda desmesurada se sitúa como una de las claves del origen de las crisis económicas— e implica que debe racionalizarse y reducirse en virtud de su gravamen, de forma que corresponsabilice a los sujetos causantes de los perjuicios ocasionados por el desarrollo de su actividad productiva[3].

En este contexto, las medidas de naturaleza fiscal tienen una función de promoción y desarrollo de la economía que se manifiesta en la configuración jurídica de los distintos tributos. Los tributos persiguen una función económica para la consecución de respuestas eficaces dirigidas hacia un crecimiento económico sostenible[4]. Estamos ante una manifestación más del sostenimiento de la unidad del ordenamiento financiero basada en los principios de justicia en los ingresos y los gastos públicos, aspectos complementarios de una misma finalidad de cobertura de las necesidades sociales basada en la solidaridad. Resulta imprescindible recordar aquí la función redistributiva del tributo, que es esencial como instrumento para lograr la igualdad real y efectiva, en tanto puede materializar la distribución equitativa de la renta y riqueza y alcanzar así objetivos de política económica y social. Precisamente, valores éticos que están presentes en la obligación de solidaridad con el resto de la comunidad que conserva la tributación con fines incentivadores o desalentadores de conductas, que no se agota en la mera disponibilidad de ingresos para el ente

---

[3] A través de: 1) el discurso de la responsabilidad social empresarial que parte del logro del beneficio a través de un beneficio compartido con la sociedad; 2) el capitalismo natural que pretende incorporar a los dos tipos de capital tradicionales, el dinero y los bienes producidos, otros dos que contribuyan al bienestar futuro como son los hombres y la naturaleza; y 3) la lucha contra el recalentamiento global, en conexión con el anterior, como barrera infranqueable (CAZORLA PRIETO, L. M., *Crisis económica y transformación del Estado*. Pamplona, Thomson–Aranzadi, 2009, pp. 89-90).

[4] Esta misma perspectiva es la que fundamenta claramente el concepto de desarrollo sostenible que fue empleado por primera vez en 1987 en la Comisión de Medio Ambiente de la ONU, donde se señaló que por desarrollo sostenible debe entenderse el «desarrollo que satisfaga las necesidades del presente sin poner en peligro la capacidad de las generaciones futuras para atender sus propias necesidades».

público, sino que también abarca la función de permitir alcanzar los intereses colectivos[5].

Las WISEs son organizaciones empresariales de empleo protegido que favorecen la contratación laboral de personas excluidas del mercado laboral ordinario con escasa o baja productividad laboral, a las cuales, por medio del trabajo, se les proporcionan herramientas laborales, así como una formación adecuada para desarrollar un puesto de trabajo. Es evidente, y reconocida a nivel nacional e internacional, la importancia de la función social que tienen las WISEs al crear empleo para sectores, que por distintas razones tienen dificultad de acceso al mercado laboral ordinario. Esta tremenda importancia, que en contexto social en el que vivimos desde hace años cobra una inusitada relevancia social, merece una especial atención por parte de los poderes públicos y del legislador, que contribuya de manera decidida a reducir el coste económico de llevar a cabo ese loable objetivo y compensar la desproporción evidente que hay entre el coste de poner en marcha este tipo de empresas y el beneficio social que se logra con ellas.

Desde la perspectiva tributaria no existe en España un régimen propio para las empresas sociales de inserción laboral más allá de que, como prestan determinados servicios comunes, les sean de aplicación similares deducciones o bonificaciones en impuestos. En atención al tratamiento tributario que reciben las WISEs en España, no se puede decir que la fiscalidad constituya un elemento significativo para la constitución de estas empresas (ni siquiera para las cooperativas sociales a las que les son de aplicación incoherentemente el régimen tributario contenido en la Ley 20/1990) y, por ende, para combatir el desempleo, la exclusión social y la discriminación y para lograr la integración sociolaboral de determinados colectivos, algo que hemos criticado en estas páginas defendiendo la necesidad de un tratamiento diferenciado, de una discriminación positiva para estas entidades por la importante labor

---

[5] Patón García, G.: «La fiscalidad de las cooperativas desde la perspectiva de la internacionalización de la economía social y el desarrollo sostenible», *Revista de la Facultad de Derecho de PUCP*, núm. 72, 2014, p. 129.

que hacen como un subconjunto, más social, que el conjunto de entidades de la economía social.

Para Hinojosa Torralvo, la falta de reconocimiento autónomo de las empresas de economía social como empresas distintas a las empresas capitalistas tiene mucho que ver la falta de una distinción clara entre las empresas sociales y las empresas de economía social. Las empresas sociales tienen una finalidad exclusivamente social, solidaria, filantrópica o humanitaria; son entidades sin ánimo de lucro en absoluto, que actúan con apoyo exclusivo en ayudas públicas o privadas y que generalmente no adoptan formas sociales empresariales, sino formas de otro tipo, como las fundaciones o asociaciones, pero también centros especiales de empleo, empresas de inserción y cooperativas sociales. Las empresas de economía social no tienen como finalidad esencial el beneficio, ni están movidas por el ánimo de lucro, pero actúan en el mercado y, de hecho, obtienen beneficios cuyo destino, sin embargo, no es su distribución entre los socios o partícipes. Suelen adoptar otras formas sociales, como cooperativas y sociedades laborales[6]. Esta es una de las razones por las que las normas que regulan la tributación de las entidades pertenecientes a la economía social se hallan dispersas en diferentes textos legales, aprobados en ocasiones en fechas muy alejadas y distantes. La fragmentación y dispersión de la regulación vigente hace que el tratamiento fiscal dispensado a cada uno de los diversos tipos de entidades de la economía social no responda a criterios homogéneos. Al contrario, esos regímenes fiscales singulares difieren ampliamente entre sí, y, lo que es todavía más grave, se encuentran presididos por criterios que, en buena parte de los casos, resultan ser abiertamente incompatibles y contradictorios. Por ello, abogamos aquí por establecer un nuevo tratamiento fiscal que alcance a toda clase de entidades integradas en el ámbito de la economía social, homogéneo, coherente y armónico, pero que, al mismo tiempo, den un trato especial a las entidades que además de formar parte de la

---

[6] Hinojosa Torralvo, J. J.: «El beneficio limitado como principio para la fiscalidad cooperativa» en Aguilar Rubio, M. y Vargas Vasserot, C. (dirs.): *Los principios cooperativos...*, *op. cit.*, p. 745.

economía social prestan servicios de interés social. Uno de los aciertos de la promulgación de la LES es que trajo nuevos y sólidos argumentos para corregir las graves deficiencias de la regulación tributaria y alcanzar el fin señalado, pero la realidad ha demostrado que no todas las entidades de la economía social cumplen con la misma efectividad sus principios configuradores, y hay algunas que, además de no tener ánimo de lucro, los objetivos sociales son la razón principal de la empresa, como ocurre con las WISEs.

De todas las cuestiones abordadas en este trabajo y de las propuestas que hemos ido realizando al hilo del análisis del problema, destacamos, a modo de colofón, las que siguen:

En primer lugar, es imprescindible dotar de un conjunto coherente de incentivos fiscales —si no de un régimen tributario propio—, a los centros especiales de empleo y a las empresas de inserción por razón del innegable servicio social que prestan, que tuviera en cuenta, además, las peculiaridades cuando estas tuvieran la forma de sociedades laborales y de cooperativas y, en particular, de cooperativas de iniciativa social y de integración social. Se puede aducir aquí que, en el seno de la Unión Europea, cualquier régimen fiscal especial que se aplique a un sector o a un grupo de entidades estará siempre sometido a revisión y será puesto continuamente en cuestión[7]. No obstante, la pertinencia de un régimen favorable para las WISEs viene reconocida e impulsada a nivel europeo por el Plan de Acción para la Economía Social de 2021 (que hemos citado a lo largo de este trabajo como PAES). Como declara este importante documento europeo, es necesario el desarrollo de marcos nacionales y comunitarios coherentes para la economía social que tengan en cuenta su naturaleza y necesidades específicas en lo que respecta a numerosas políticas y disposiciones horizontales y sectoriales, y, en concreto, las relativas a la fiscalidad, que es una política importante para la economía social, en general, y para las empresas sociales, en particular. Y recordemos que en España solo los centros especiales de empleo, las empresas de

---

[7] El art. 107 del TFUE es un marco de ineludible referencia al respecto.

inserción y las cooperativas de iniciativa social, es decir, las WISEs son las únicas entidades de la economía social que por su régimen legal cumplen con los requisitos para ser consideradas empresas sociales.

En segundo lugar, valoramos muy positivamente el reconocimiento como entidades prestadoras de SIEG (Servicios de Interés Económico General), que tienen tanto las empresas de inserción como los centros especiales de empleo desde que en 2015 se reformara el art. 5.4 de la LES. Esto permite incrementar sensiblemente el número e importe de las ayudas estatales que pueden recibir estas entidades por compensación del servicio público que realizan, así como obtener algunos beneficios en materia de tributos y en contratación pública, sin colisión con el Derecho de la competencia europeo. Sin embargo, todavía, y han pasado casi diez años, no se ha extendido reglamentariamente, como prevé la norma, esta declaración a otras entidades de la economía social que tengan por objeto la inserción laboral de colectivos en riesgo de exclusión, como son las cooperativas de iniciativas social y las cooperativas de integración social, algo que consideramos recomendable para potenciar a este tipo de WISEs.

Una tercera conclusión a la que llega este estudio, ya centrada en los centros especiales de empleo, es que no todos ellos deberían considerarse entidades de la economía social, ya que la no exigencia legal de un ánimo no lucrativo en la entidad ha permitido la existencia de centros especiales de empleo que en su funcionamiento se alejan mucho de los principios reguladores de la economía social. Por ello, celebramos la propuesta del ALIIES de reformar la LES para que solo los centros especiales de empleo de iniciativa social sean incluidos en el listado de entidades de la economía social del art. 5.1 de la LES, y que solo estos sean, a su vez, declarados entidades prestadoras de SIEG con las importantes consecuencias que estas dos circunstancias tienen para poder ser beneficiarios de ayudas públicas y un régimen fiscal especial.

No obstante, la actual regulación del concepto legal de los centros especiales de empleo de iniciativa social que contiene el art. 43.4 de la Ley general de la discapacidad, tras su incorporación al texto legal por la Ley 9/2017, es muy criticable. Realmente cuesta entender el sentido del precepto, que está redactado de una manera tan confusa, que no facilita su interpretación. Por ello recomendamos mejorar el contenido de dicho precepto en cuanto a la exigencia de que una entidad sin ánimo de lucro o de la economía social o asimilada sea titular de más del 50 por 100 del capital social de la entidad que sea reconocida como centro especial de empleo, para lo que se puede tomar como base los arts. 5, letra *a)* y 6 de la Ley 44/2007 reguladora de las empresas de inserción, que establece la obligatoriedad de que estas entidades sean participadas por entidades promotoras sin ánimo de lucro.

En cuarto lugar, entendemos que resulta un fracaso que en la actualidad haya reconocidos tan pocos centros especiales de empleo y empresas de inserción que utilicen la forma jurídica de cooperativas y de sociedades laborales, por lo que abogamos por que el legislador adopte una serie de medidas al respeto, como las que apuntamos a continuación.

Para esta fin, se debería revisar el art. 43.4 de la Ley general de la discapacidad en cuanto a los porcentajes de capital social que debe tener como mínimo la entidad sin ánimo de lucro que promueve y participa en el centro especial de empleo de iniciativa social, porque dichos porcentajes superan los límites máximos establecidos por la legislación de cooperativas para los socios colaboradores y los que establece la también la LSLP para los socios titulares de acciones o participaciones de carácter general (no laborales) en las sociedades laborales. Por ello, con la actual regulación, ninguna cooperativa, ni ninguna sociedad laboral puede ser calificada de centro especial de empleo de iniciativa social, lo que es un auténtico contrasentido. Abogamos también por que se modifique esta norma, para que no haya dudas de que puedan ser reconocidas como centros especiales de empleo de iniciativa social las entidades sin ánimo de lucro de la economía social que se creen específicamente con esta finalidad y, en ese caso, que no sea necesaria la participación de otras personas jurídicas sin ánimo de lucro o de la economía social en el capital social.

Relacionado con lo anterior, en el sentido de tratar de promocionar las WISEs con forma de cooperativas, creemos necesario modificar la Ley 44/2007 para la regulación del régimen de las empresas de inserción a nivel estatal y las normas autonómicas que la desarrollan, en referencia a dos aspectos sustanciales que derivan de la imposición de la participación de una entidad promotora sin ánimo de lucro en el capital social de las sociedades que sean calificadas de empresas de inserción. De un lado, no tiene sentido que se exija la existencia de una entidad promotora sin ánimo de lucro cuando la empresa de inserción tampoco lo tenga, lo que ocurre, por ejemplo, con las cooperativas sin ánimo de lucro, como son las de iniciativa social y las de integración social. De otro, la participación de una persona jurídica promotora en el capital social de la cooperativa hace perder automáticamente a la cooperativa la calificación fiscal de especialmente protegida por dejar de asociar solo a personas físicas, que es lo que exige el art. 8.1 de la Ley 20/1990. Se propone, por tanto, la modificación esta norma y admitir la posible existencia de socios personas jurídicas en las cooperativas de trabajo asociado. Para darle coherencia al sistema, también habría que hacer ajustes en las leyes autonómicas de cooperativas que solo admiten socios personas físicas en las cooperativas de trabajo para permitir que pueda haber socios colaboradores que puedan ser personas jurídicas.

En quinto lugar, nos parece necesario también, en coherencia con lo anterior, o bien incluir en la enumeración de las entidades sin fines lucrativos a las cooperativas sin ánimo de lucro y particularizar en las de iniciativa social y las cooperativas de integración social, para permitirles beneficiarse del régimen fiscal de las entidades sin ánimo de lucro[8]. De

---

[8] Así, Gómez Álvarez, J.J.: «La tributación de las cooperativas de iniciativa social y las entidades del tercer sector en el impuesto sobre sociedades. Cuestiones pendientes para una reforma», en: Aguilar Rubio, M. y Vargas Vasserot, C. (dirs.): *Los principios cooperativos y su incidencia en el régimen legal y fiscal de las cooperativas*, Madrid, Dykinson, 2024, p. 822, que lo reclama también para las asociaciones no catalogadas de utilidad pública mediante una modificación del art. 2 de la Ley 49/2002.

este modo las WISEs con forma de cooperativas sin ánimo de lucro podrían aplicarse las exenciones y beneficios fiscales previstos en la Ley 49/2002 o, en su caso, el régimen especial de las entidades parcialmente exentas. Otra opción sería reformar la Ley 20/1990 para regular un régimen especialmente beneficioso para las cooperativas que sean consideradas no lucrativa, para lo que se puede tomar como referencia la normativa foral fiscal del País Vasco. Con cualquiera de estas medidas se evitaría el sinsentido que puede llevar a que una cooperativa de iniciativa social, sin ánimo de lucro que sea calificada como empresa de inserción o como centro especial de empleo de iniciativa social, sea fiscalmente peor tratada que una asociación o una fundación cuando cumplen la misma función social de integrar laboralmente a colectivos en riesgo de exclusión por razones sociales, económicas y físicas o psíquicas.

BIBLIOGRAFÍA

ADAME MARTÍNEZ, F. D. y PEDREIRA MENÉNDEZ, J (dir.), *La regulación de las entidades no lucrativas y el mecenazgo: cuestiones pendientes para una reforma,* Madrid, Thomson Reuters–Aranzadi, 2015.

AGUILAR RUBIO, M. y CIARCIA, A. R., «Régimen tributario comparado del mecenazgo en España e Italia», *REVESCO: Revista de Estudios Cooperativos,* núm. 86.

AGUILAR RUBIO, M. y VARGAS VASSEROT, C., «Las cooperativas sin ánimo de lucro en la prestación de servicios públicos. Análisis de fiscalidad», *Sociedad y Utopía: Revista de Ciencias Sociales,* núm. 40, 2012.

— *Las empresas basadas en el conocimiento universitarias y las empresas emergentes. Régimen jurídico tras la promulgación de la LOSU e incentivos fiscales a la I+D+i,* Madrid, Dykinson, 2024.

AGUILAR RUBIO, M., «El régimen fiscal de las cooperativas y el Derecho de la Unión Europea», *BAIDC. Boletín de la Asociación Internacional de Derecho Cooperativo,* núm. 50, 2016.

— «Los principios cooperativos en la legislación tributaria», *Revista Jurídica de Economía Social y Cooperativa,* núm. 27, 2015.

— «Sistema tributario y principios cooperativos», en VARGAS VASSEROT, C. (dir.), *Una interpretación actualizadora de los principios cooperativos: especial referencia a su recepción y desarrollo en la legislación de Andalucía,* Madrid, Dykinson, 2023.

ALEGRE NUENO, M., «Centros especiales de empleo: realidad y nuevos retos», en FAJARDO GARCÍA (coord.), *La promoción del emprendimiento y la inserción social desde la economía social,* Valencia, CIRIEC, 2018.

ALGUACIL MARÍ, M.P., «La tributación de las empresas de inserción», *Revista del Ministerio de Trabajo y Economía Social*, núm. 150, 2021.
— «La tributación de las empresas de participación de los trabajadores: cooperativas de trabajo y sociedades laborales. Apuntes para una reforma», *REVESCO: Revista de Estudios Cooperativos*, núm. 102, 2010.
— «Beneficios tributarios de las cooperativas tras la Ley Estatal 27/1999», *Revista de Derecho Financiero y Hacienda Pública*, núm. 202, 2001.
— «La necesaria reforma del tratamiento fiscal de las sociedades laborales», en MERINO JARA I. (dir.), *Entidades con valor social: nuevas perspectivas tributarias*, Madrid, IEF, 2015.
ALGUACIL MARÍ, M.P. y ROMERO CIVERA, A., «Diferencias territoriales en el concepto de cooperativa protegida y especialmente protegida», *REVESCO. Revista de Estudios Cooperativos*, núm. 110, 2013.
ALONSO RODRIGO, E., *Fiscalidad de cooperativas y sociedades laborales*. Generalitat de Catalunya, 2001.
BONET SÁNCHEZ, M.P., «Empresas de inserción: razones para una fiscalidad específica», *CIRIEC-España. Revista Jurídica de Economía Social y Cooperativa*, núm. 21, 2010.
CALVO ORTEGA, R., «Entidades de economía social: razones de una fiscalidad específica», en AA.VV., *Fiscalidad de las entidades de economía social,* Pamplona, Thomson–Civitas, 2005.
— «Las sociedades laborales: problemas actuales y justificación científica de una fiscalidad adecuada», *CIRIEC-España, Revista Jurídica de Economía Social y Cooperativa*, núm. 19, 2008.
— «Sociedades Laborales». *Cuadernos Civitas*. Aranzadi, Cizur Menor, 2013.
CALVO VÉRGEZ, J., «Empresas de inserción social: delimitación jurídica y aspectos tributario», en CALVO ORTEGA, R. (dir.), *Fiscalidad de las Entidades de Economía social*, Thompson –Civitas, 2005.
— *Mutualidades de previsión social: aspectos mercantiles y fiscales*, Madrid, Dykinson, 2019.
— «En defensa de las sociedades laborales: la Ley 44/2015, de 14 de octubre, de Sociedades Laborales y Participadas, y la creación de un nuevo marco jurídico destinado al fortalecimiento de estas entidades», *Revista Aranzadi Doctrinal*, número 5, 2016.
— «Sociedades Laborales consideraciones tributarias», en CALVO ORTEGA, R. (dir.), *Fiscalidad de las entidades de economía social: cooperativas, mutuas, sociedades laborales, fundaciones, asociaciones de utilidad pública, centros especiales de empleo, empresas de inserción social*, Civitas, Madrid, 2005.

CANO LÓPEZ, A., «El Derecho de la Economía Social: entre la Constitución y el mercado, la equidad y la eficiencia». *Ciriec-España, Revista Jurídica de Economía Social y Cooperativa*, núm. 18, 2007.

CAZORLA PRIETO, L. M., *Crisis económica y transformación del Estado*, Pamplona, Thomson–Aranzadi, 2009.

CHATERINA, A., «Las cooperativas y su acción por la sociedad», *REVESCO Revista de Estudios Cooperativos*, núm. 117, 2015.

CIRIEC-ESPAÑA, *Magnitudes de la Economía Social 2019*, CIRIEC-España, 2019. *https://ciriecstat.com/dato/magnitudes-de-la-economia-social-en-espana-2019/*

COMISIÓN EUROPEA, Comunicación al Consejo, al Parlamento Europeo, al Comité Económico y Social Europeo y al Comité de las Regiones: relativa a *Un marco paras la participación financiera de los trabajadores*, de 5 de julio de 2002 (COM/2002/364/final).

— Comunicación al Parlamento Europeo, Consejo, al Comité Económico y Social Europeo y al Comité de las Regiones *Construir una economía que funcione para las personas: un plan de acción para la economía social*, 9 de diciembre de 2021 (COM(2021) 778 final).

COMITÉ ECONÓMICO Y SOCIAL EUROPEO, Dictamen sobre *Participación financiera de los trabajadores en Europa*, de 21 de octubre de 2010 (2011/C 51/01).

CONFEDERACIÓN EMPRESARIAL ESPAÑOLA DE LA ECONOMÍA SOCIAL (CEPES), Informe *Las empresas más relevantes de la Economía Social 2021-2022. https://www.cepes.es/files/publicaciones/135.pdf.*

CUENCA RUIZ, M. J. *et al.*, «La empresa de inserción como empresa social características y retos fundamentales en España», *Revista del Ministerio de Trabajo y Economía Social*, núm. 157, 2023.

DE LA HUCHA CELADOR, F.: «Beneficios fiscales de las sociedades laborales» en *Comentario al Régimen Legal de las Sociedades Mercantiles*, tomo xv: «Sociedades Laborales», Civitas, Madrid, 2000.

DE LA PEÑA VELASCO, G., «Capítulo VII. Régimen tributario de las sociedades laborales», en ALONSO ESPEINOSA, F. J. (dir.), *Régimen jurídico de las sociedades laborales: estudio sistemático de la Ley 4/1997*, Valencia, Tirant lo Blanch, 1997.

DÍAZ-FONCEA, M. y MARCUELLO SERVÓS, C., «Las empresas sociales en España: concepto y características», *GIZAEKOA, Revista Vasca de Economía Social*, núm. 8, 2012,

DÍEZ ACIMAS, L, «Régimen jurídico de las Sociedades Laborales y Participadas (Análisis de la ley 44/2015, de 14 de octubre)», *Deusto Estudios Cooperativos*, núm. 8, 2016.

FAEDEI, *Informe anual de Empresas de Inserción*, 2022. *https://faedei.org/wp-content/uploads/2023/10/infografia-memoria-2022.pdf.*

FERNÁNDEZ DEL POZO, L., «Acerca de la doctrina sobre la irrelevancia causal del ánimo de lucro en el contrato de sociedad de capital», en el blog *Almacén de Derecho,* entrada 24/1/2021. *https://almacendederecho.org/sociedades-de-capital-sin-animo-de-lucro.*

GALERA, G. *et al., Report on trends and challenges for work integration social enterprises (WISEs) in Europe,* 2022. *https://www.bwiseproject.eu/en/results.*

GARCÍA CALVENTE, Y., «El derecho financiero y tributario ante la responsabilidad social de la empresa», FERNÁNDEZ AMOR, J.A. y GALA DURÁN, C., *La responsabilidad social empresarial: un nuevo reto para el derecho,* Madrid, Marcial Pons, 2009.

GARCÍA LUQUE, E.I., *Fiscalidad, desarrollo sostenible y responsabilidad social de la empresa,* Madrid, Lex Nova, 2011.

GARCÍA-MAURIÑO BLANCO, E. (coord.), *Régimen fiscal de las entidades sin ánimo de lucro,* Centro de Estudios Ramón Areces, 2004.

GÓMEZ ÁLVAREZ, J.J., «La tributación de las cooperativas de iniciativa social y las entidades del tercer sector en el impuesto sobre sociedades. Cuestiones pendientes para una reforma», en AGUILAR RUBIO, M. y VARGAS VASSEROT, C. (dirs.), *Los principios cooperativos y su incidencia en el régimen legal y fiscal de las cooperativas,* Madrid, Dykinson, 2024.

— «Exenciones en los impuestos locales de las entidades sin fines lucrativos», en CORDERO GARCÍA, J.A. (dir.), *Estudios sobre la financiación local. En especial, reflexiones sobre la autonomía financiera y sobre los beneficios fiscales,* Valencia, Tirant lo Blanch, 2021.

GRIMALDOS GARCÍA, M.I., «Los centros especiales de empleo. Aproximación a su régimen jurídico», *CIRIEC-España. Revista jurídica de la economía social y cooperativa,* núm. 26, 2015.

HERNÁNDEZ CÁCERES, D., «Las cooperativas sociales como manifestación del principio cooperativo de interés por la comunidad», AGUILAR RUBIO, M. (dir.), Innovación social y elementos diferenciales de la economía social y cooperativa, Madrid, Marcial Pons, 2022.

— «Origen y desarrollo del principio de interés por la comunidad», *REVESCO. Revista de Estudios Cooperativos,* núm. 139, 2021.

— «Social enterprises in the social cooperative form», en HENRY, P., VARGAS VASSEROT, C. y ALCALDE SILVA, J. (ed.), *The International Handbook of Social Entreprise Law. Benefit Corporations and Other Purpose-Driven Companies,* Springer-VDI-Verlag, Berlin, 2023. *https://link.springer.com/book/10.1007/978-3-031-14216-1.*

HINOJOSA TORRALVO, J.J., «El beneficio limitado como principio para la fiscalidad cooperativa» en AGUILAR RUBIO, M. y VARGAS VAS-

SEROT, C. (dirs.), *Los principios cooperativos y su incidencia en el régimen legal y fiscal de las cooperativas*, Madrid, Dykinson, 2024.

— «Fiscalidad y financiación de las cooperativas: ¿a qué juega la Unión Europea?», *CIRIEC-España, Revista de Economía Pública, social y cooperativa*. núm. 69, 2010.

LOZANO SERRANO, C., «¿Existen beneficios fiscales para las sociedades laborales? La vacuidad de la Ley 4/1997 en el contexto de la imposición indirecta», *Quincena Fiscal*, núm. 22, 2006.

LUQUE MATEO, M.A., «El principio de cooperación entre cooperativas y la tributación de la plusvalía urbanística», en AGUILAR RUBIO, M. y VARGAS VASSEROT, C., *Los principios cooperativos y su incidencia en el régimen legal y fiscal de las cooperativas,* Dykinson, Madrid, 2024, pp. 757-782.

MÉNDEZ TERROSO, I., «Incentivos fiscales de los Centros Especiales de Empleo», *Revista del Ministerio de Trabajo y Asuntos Sociales,* núm. 56, 2005.

MONTERO SIMÓ, M., «¿Incentivos fiscales para las cooperativas sin ánimo de lucro?», *Revista de Economía Social*, 2006, núm. 32, pp. 19-23.; y «La fiscalidad de las cooperativas sin ánimo de lucro», *CIRIEC-España. Revista de Economía Pública, Social y Cooperativa,* núm. 69, 2010.

— «La fiscalidad de las cooperativas ante el nuevo Impuesto sobre Sociedades. Propuestas para una reforma», *BAICD. Boletín de la Asociación Internacional de Derecho Cooperativo*, núm. 50, 2016.

MONTESINOS OLTRA, S., «Ley de Economía Social, interés general y regímenes tributarios especiales». *VII Congreso Internacional Rulescoop, Economía social: identidad, desafíos y estrategias*, núm. 23, 2012.

MONTIEL VARGAS, A., «Las empresas de inserción. Análisis de su régimen jurídico ante una posible reforma de la Ley 44/2007», *REVESCO. Revista de Estudios Cooperativos,* 2024, núm. 147, en prensa.

MONTIEL VARGAS, A., «Análisis legal de las empresas de inserción en España» en Hagen HENRŸ, H. y VARGAS VASSEROT, C (coords.), *Una visión comparada e internacional del Derecho Cooperativo y de la Economía Social y Solidaria,* Madrid, Dykinson, 2023.

MONZÓN CAMPOS, J.L. y CHAVES, R. (dirs.), *La evolución reciente de la Economía Social en la Unión Europea,* CESE, 2016 (CES/CSS/12/2016/23406).

MONZON CAMPOS, J.L., CALVO ORTEGA, R., CHAVES AVILA, R., FAJARDO GARCIA, I.G. y VALDES DAL RE, F., *Informe para la elaboración de una Ley de Fomento de la Economía Social*, CIRIEC-España, 2009.

MONZÓN CAMPOS, J.L., «Economía Social y conceptos afines: fronteras borrosas y ambigüedades conceptuales del Tercer Sector», *CIRIEC-España, Revista de economía pública, social y cooperativa*, núm. 56, 2006.

MORATALLA SANTAMARÍA, P., «Centros Especiales de Empleo», *CIRIEC-España. Revista Jurídica de Economía Social y Cooperativa*, núm. 29, 2016.

OBSERVATORIO DE LAS OCUPACIONES, *Informe del Mercado de Trabajo de las Personas con Discapacidad Estatal Datos*, SEPE, 2021.

PANIAGUA ZURERA, M., *Las empresas de economía social más allá del comentario a la Ley 5/2011, de economía social*, Madrid, Marcial Pons, 2011.

PASTOR DEL PINO, M.C., «Incentivos fiscales para mantener las explotaciones agroalimentarias en cooperativas de áreas rurales», *Modelos innovadores para impulsar a las cooperativas agroalimentarias, evitar el abandono de explotaciones y fomentar el relevo generacional*. Cooperativas agroalimentarias, 2020.

PATÓN GARCÍA, G., «La fiscalidad de las cooperativas desde la perspectiva de la internacionalización de la economía social y el desarrollo sostenible», *Revista de la Facultad de Derecho de PUCP*, núm. 72, 2014.

QUECUTY ESTEBAN, A., «Empresas de inserción social», *Mediterráneo Económico*, Monográfico sobre La huella del Sector, núm. 37, 2023.

RODRIGO RUIZ, M.A., «Consideraciones sobre el régimen fiscal de las cooperativas problemas actuales y líneas de reforma», *CIRIEC Revista Jurídica de Economía Social y Cooperativa*, núm. 69, 2010.

SÁNCHEZ-CERVERA SENRA, J.M. y SÁNCHEZ-CERVERA VALDÉS, J.M., *Los trabajadores discapacitados: contratación, incentivos, centros especiales de empleo, prestaciones sociales, fiscalidad*, CissPraxis, 2000.

SÁNCHEZ PACHÓN, L.A., «Centros Especiales de Empleo: configuración legal e incidencia y valoración de las últimas actuaciones normativas», *CIRIEC-España. Revista Jurídica de Economía Social y Cooperativa*, núm. 36, 2020.

SOLÓRZANO, M. *et al.*, «La identidad de la empresa social en España: análisis desde cuatro realidades socioeconómicas», *CIRIEC-España, Revista de Economía Pública, Social y Cooperativa*, núm. 92, 2018, pp. 155-182.

SUBERBIOLA GARBIZU, I., «Beneficios fiscales de las sociedades laborales en la Ley 44/2015, de 14 de octubre, de Sociedades Laborales y Participadas», *Lex Social*, vol. 7. núm. 2, 2017.

— «Régimen tributario de las sociedades. Propuesta de reforma», *GIZAEKOA, Revista Vasca de Economía Social*, núm. 10, 2013.

TEJERIZO LÓPEZ, J. M., «Algunas reflexiones sobre el régimen fiscal de las cooperativas», *CIRIEC-España. Revista de Economía Pública, Social y Cooperativa*, núm. 69, 2010.

VALIENTE PALMA, L., «Podría estar contribuyendo el cooperativismo a fijar la población en el territorio de Andalucía?», en *CIRIEC-España, Revista de Economía Pública, Social y Cooperativa*, núm. 97, 2019.

VALPUESTA GASTAMINZA, E. M., *Las Sociedades Laborales. Aspectos Societarios, Laborales y Fiscales*, Pamplona, Aranzadi, 1998.

VARGAS VASSEROT, C., «Las empresas sociales con forma mercantil como parte de la economía social. Propuestas de regulación en España y análisis crítico del anteproyecto de Ley Integral de Impulso de la Economía Social», en HENRŸ, P. y VARGAS VASSEROT, C. (coords.), *Una visión comparada e internacional del Derecho Cooperativo y de la Economía Social y Solidaria*, Madrid, Dykinson, 2023.

— «Las empresas sociales como entidades de la economía social en el Plan de Acción Europeo. Propuesta de *lege ferenda* para su reconocimiento en España en la Ley 5/2011 de economía social». *CIRIEC-España, Revista Jurídica de Economía Social y Cooperativa*, núm. 41, 2002.

VARGAS VASSEROT. C., GADEA SOLER, E. y SACRISTÁN BERGIA, F., *Derecho de las sociedades cooperativas. Régimen económico, integración, modificaciones estructurales y disolución*, Madrid, La Ley, 2017.

— *Derecho de las Sociedades Cooperativas. Introducción, constitución, estatuto del socio y órganos sociales*, La Ley, Madrid, 2015.

VIDAL, I y CLAVER, N., *Work Integration Social Enterprises in Spain*, EMES European Research Network, WP no. 04/05, 2005. *https://emes.net/content/uploads/publications/PERSE_WP_04-05_SP.pdf*.

VILLAFAÑEZ PÉREZ, I., «Principios y valores cooperativos, igualdad de género e interés social en las cooperativas», *CIRIEC-España, Revista de Economía Pública, Social y Cooperativa*, núm. 30, 2017.